男人向左
女人向右

谭波／著

吉林出版集团股份有限公司

图书在版编目（CIP）数据

男人向左，女人向右 / 谭波著 . — 长春 : 吉林出版集团
股份有限公司 , 2018.7

ISBN 978-7-5581-5203-0

Ⅰ . ①男… Ⅱ . ①谭… Ⅲ . ①婚姻 – 通俗读物

Ⅳ . ① C913.13-49

中国版本图书馆 CIP 数据核字（2018）第 134110 号

男人向左，女人向右

著　　者	谭　波	
责任编辑	王　平　史俊南	
开　　本	710mm×1000mm　1/16	
字　　数	240 千字	
印　　张	17	
版　　次	2018 年 8 月第 1 版	
印　　次	2018 年 8 月第 1 次印刷	
出　　版	吉林出版集团股份有限公司	
电　　话	总编办：010-63109269	
	发行部：010-67208886	
印　　刷	三河市天润建兴印务有限公司	

ISBN 978-7-5581-5203-0　　　　　　　　　　　定价：45.00 元

CONTENTS 目录

第三章　男人说谎的真实心理

第四章　借口是谎言的掩饰物

CONTENTS 目录

CONTENTS 目录

01

男女思维
大不同

　　自古至今，男人和女人之间就永远存在问题，无论世事如何变迁，这一点都不会改变。有人说，男人和女人构成了这个五彩斑斓的世界，是他们让生活变得有滋有味，充满乐趣。如果把男人和女人比作一道数学题，那么就一定是哥德巴赫猜想。最关键的是，这道题无解！男人能够忍受不幸的爱情，不能忍受不幸的婚姻；女人能够忍受不幸的婚姻，却不能忍受不幸的爱情。男人和女人是不同的，他们在很多方面都表现出了相悖的思维，但是千百年来却一直维系着整个社会，不能不说是一种奇迹。

男女处理情绪的不同方式

男人和女人，共同构成了这个复杂的社会，繁衍了几千年。只要是有男人和女人的地方，就一定少不了话题。《红楼梦》中说："男人是泥做的，女人是水做的。"这句话道出了男人与女人之间的千差万别，正是这些差别造就了他们之间的问题。一朵玫瑰在男人眼中是带刺的，但在女人眼中却仅仅是象征爱情；男人送花的时候，只去想送花后的效果，女人收到花的时候，想到的则是送花的目的。

有人说，男人和女人是来自不同星球的两种动物，所以才会表现出如此不同的生理机制表征及感知方式。女人是听觉动物，男人是视觉动物，在生活中，男人习惯于用蜜语甜言让女人沉醉，而女人则善于乔妆打扮给男人欣赏。男女双方交往的时候，男人往往被女人漂亮的外表所吸引，女人则更想去看清楚男人的内在。当她慢慢地爱上男人的内在之后，才会真正被男人的外表所吸引。

男人和女人最大的不同在于：男人能够忍受不幸的爱情，不能忍受不幸的婚姻；而女人能够忍受不幸的婚姻，却不能忍受不幸的爱情。一个女人若对男人有了情意，根本就不必有什么理由，而且女人的理由，男人永远也不会明白。所以如果一段感情中途破裂，女人就一定会受到极大的打击。女人只有当找到终身伴侣的时候，她才会安定下来；而男人只要找到自我，并且对未来有确定认识的时候，才会决定将一生交与一个他可以接受并且也可以接受自己的女人。男人和女人的差别有很多种，单凭一两句话是说不完、道不尽的，但男人和女人最根本的差别却在于：男人就是男人，女人就是女人。泥是泥，水是水，泥和水永远有不同的特质。

男人的爱就像洒落的露珠，每一颗都是完整的存在，又都不是存在的全部，它经不起阳光的照耀；而女人的爱却像碎了瓶的啤酒，倾撒在地上，在月光下发出持久馥郁的麦香。女人总是不断求证男人的爱情，追求托付终身的感觉；男人则更在乎感官和理性的决定，一旦界定两人的关系，就懒得去反复考证这种关系的正确性，而仅仅满足于感官层次即可。

男人的情感犹如火山，蕴藏着人类无法感知的能量，一旦爆发，力量是惊人的。女人的情感则好像煲汤，细腻而丰富，虽然温和但值得久久回味。那么，面对双方存在的差异，男人该如何控制"火山"，女人该如何细心"煲汤"呢？能够有效地控制"火山"，不引起大的地震是男人的责任；精选菜料，细配佐料，煲一碗有滋有味的靓汤，则是女人的任务。两者完美融合，方能造就一段佳话。

［男人和女人之间的问题］

1. 女人爱倾诉，男人爱沉默

在中国，有"三个女人一台戏"的说法。其实无非是为了表达女人们在一起喜欢交谈和倾诉的现象。对此，男人们通常都想不明白：女人们聚到一起，怎么就那么多话？！事实上，渴望倾诉是女人的天性，尤其是当几个渴望倾诉的女人在一起碰面时，话匣子更是合不住。女儿家的心事，生活中的烦恼，工作中的委屈……你说我听，你听我说，或竹筒倒豆，搜肠刮肚地往外排解。甚至说到伤痛时，更会泪眼婆娑……

相比较女人，男人则更钟情于沉默。你说是大男子主义也好，说是个性使然也好，男人就是没有和朋友一起倾吐苦闷的欲望，最多也只是一个人默默抽抽烟、喝喝酒，用这样的方式来宣泄一下苦闷的内心，当别人问他"怎么了"时，他总会笑着回一句："没事。"

2. 女人爱做梦，男人爱现实

女人天生就是爱做梦的，当然，通常都是甜蜜美好的梦。在美梦里面，女人有一双轻盈的翅膀，有一个飘逸的倩影，当然更有一个风度翩翩的白马王子等着自己。爱做梦的女人，天生就是浪漫主义者，她们祈求真与善，渴望完美，而有了梦想女人才显得更加可爱、更加梦幻。女人若是没有了梦想，生活也便没有了寄托，没有了希望。尤其是当生活面临挑战时，更加需要用梦想来支撑自己的灵魂，有了梦想，才能有足够的力量解困排难，求新求变。有梦想的女人，心就永远不会老。女人通常都想就这样做一生的梦，睡在杨柳依依的堤岸边，倚在翠竹芊芊的栏窗下，飞在落花满天的琼枝间……

男人则都是现实的，他们很清楚做梦什么也不能改变，只会更加突显自己的无助，所以他们不允许自己做梦。故此，男人们要求自己勇于面对一切困难，挑起一切重担，也唯有排除万难，竭尽全力，勇往直前，才能赢回属于自己的尊严和成功。不过，现实总是残酷的，只有梦想永远美好！聪明的男人不应该指责女人的不切实际，更不应嘲笑她们的"无知"。其实，只要能够让生活多一些美好，哪怕是虚幻的，也总比只有残酷好得多。女人爱做梦，男人爱现实，就这么互不干扰又无法改变……

3. 女人走曲线，男人走直线

女人说话时喜欢拐弯抹角，往往不直接点中主题，而是通过一层一层的迂回路线带出想说的话。比如男人平时若只懂得给女人生活上的照顾，却从来没有送过花，女人一般不会直接说出来"你送我花吧"，而是会有意无意地提起"其实玫瑰花挺好看的"，或是"今天我的同事收了好大一束花，真让人羡慕啊"，甚至可能会找异性朋友出现在男人面前激发他等等。其实，这种种行为都是在给男人暗示，示意他可以帮助自己满足一下既定的可望而不可即的追求目标，从而使自己失望、不满的情绪得到平衡和缓解，也使心理更成熟和坚强。

相对的，男人说话就喜欢开门见山、快言快语，拐弯抹角对他们来说是不能接受甚至不能容忍的。男人看问题就像是正在路上奔驰的汽车，他们的思维方式是从出发点直接到目的地，直线而行。不管表面如何优雅体贴温婉的男人，在对待较重要事件时，都会采取简明扼要的方式处理，因为男人本身就是注重结果而忽视过程的动物。

男女看待婚姻的不同角度

　　两人在相爱的时候，总是对方包容自己居多，但相处的时候却讲究要多理解对方，甚至在有些时候必须牺牲自己去迎合对方，这都是幸福生活所不可缺少的。

　　"相爱总是简单，相处太难，不是你的就别再勉强……"多年前，这首《心太软》红遍了大江南北，优美的旋律令人陶醉，充满感情的歌词更是让人动容，因为歌词真实地表达了现实生活中的男人与女人之间的某些情形。两个人，相爱很容易，可是相处却很困难。归根结底，还是因为两人结合的时候感情还没有发展到可以和谐相处的阶段，所以双方都无法了解两个人在一起相处时需要面对的烦琐和沟通。于是，我们常常听到一声声无奈的叹息——两个人相处怎么就这么难！

　　很多人在结婚以后才发现对方的优点全部变成了缺点，爱对方的理由也几乎快要演变成为分手的理由。换一句话说也就是，爱上一个由虚幻而想象出来的人比较容易，但爱上一个现实的对象则很难。不同的家庭成长起来的两个人，形成的是各自毫不相干的个性和习惯，冲突自然不可避免。爱情需要激情，婚姻则需要磨合，最初的激情开始退火，热恋的高温开始冷却，当你慢慢地发现自己所爱的人已经不再符合心中的构想，你会怎么样？

[实景再现]

　　小琳与丈夫刘鹏是在一次朋友聚会上认识的，两个人对彼此都有一定的好感，再加上朋友从中搓合，就这样顺理成章地谈起了恋爱。恋爱期间，刘鹏的表现特别好，小琳说的每一句话他都会记在心里。例如，有时候小琳在不经意间透露出了自己的喜好，心细的刘鹏就能依此时不时给她许多惊喜。不仅如此，在生活中，刘鹏也总能给小琳恰到好处的关怀，变天的时候，他总是不忘提醒小琳"多穿点，别感冒了"；过马路的时候，他总是牵着小琳的手，生怕她飞了似的。当然，小琳为了表达自己的感情，也特地为了刘鹏去学烧菜，而且全都是刘鹏爱吃的，一个女人肯为一个男人下厨，这足以证明她是爱他的，刘鹏心里自然十分甜蜜。他们都在想，以后结了婚，两个人一定是最幸福的人。

　　后来，他们终于走进了结婚的典礼，那一刻他们简直有些忘乎所以了。可是没过多久，小琳和刘鹏的生活就开始变了。小琳觉得，刘鹏对她不再关心了，下班回来就守着电视机，或是去玩电脑，丝毫不去关心她到底在家过得怎么样。有时候，做饭做得晚了一些，刘鹏还会抱怨："怎么还没有做好饭？想把我饿死呀？"小琳十分委屈也十分不解，刘鹏以前的体贴去哪了呢？而刘鹏也认为，小琳不像以前那么可爱了，总是为一些鸡毛蒜皮的小事而纠缠不休，有时候还幼稚得让人无语，这样的人怎么适合在一起生活呢？

　　如今，两个人总是因为一些小事就争吵起来，冷战更是接二连三地上演，心里对婚姻多少都有了一些厌倦。

　　很多人总是在结婚以后才发现"二人世界"其实并没有想象中的那样美好，不仅平淡如水，有时还烦琐得让人感觉乏味，时间一长，便无任何激情。多少人因为爱而走到了一起，最后却因为无法接受现实中的他或她而离别。总之，男人和女人结婚后都会发现，原来自己娶（嫁）了一个"从来都不认识的人"，对方的变化之大让自己无法理解，更无法接受。

女人慢慢发现自己心中的白马王子不再像婚前那样对自己小心翼翼、视若珍宝了，他们常常沉默寡言、一脸正经，而且在外的时间总是多于在家里，下班回来不再"老婆长，老婆短"地叫，而是洗手、吃饭、上床睡觉，有时甚至一天都不会和自己讲上一句话。过去，被女人视为"酷劲十足"的沉默寡言，也成了"漠不关心"的代名词。他怎么会变得这么快呢？女人心里很委屈。

其实，男人又何尝不是如此呢？他们慢慢发现自己心中的白雪公主，不再如当初那般小鸟依人、软声软语了，她们动不动就对自己一番数落，有时候甚至歇斯底里。恋爱的时候把自己当成是一片天，而结婚后自己连一颗小星星也不如，似乎嫁给了自己就倒了八辈子大霉。只要发现自己身上一丝一毫不如她意的地方，她就啰里啰唆说个没完，说得男人真想一甩门离开这个家。她怎么会变化这么大呢？男人心里很不解。

[相处，真的很难吗]

在童话中，王子和公主最后总是幸福地生活在一起，至于他们的生活究竟是什么样子的，却从来没有人讲过。公主会不会因为自己的任性而惹王子生气？王子会不会因为国事繁忙而冷落了公主？他们在一起能够相处得愉快吗？

从现实的角度来看，在一起生活只是爱的开始而不是结束，真正能够相处融洽，那才是感情得到升华的表现。

两个人相处地不愉快大致有两种情况：第一种人会认为："虽然我们以前很相爱，可是在一起之后却又会经常争吵，原因不过是一些鸡毛蒜皮的小事情。如今我们之间的感情越来越淡了，只能说再见了，我们分手吧！"可见，不能融洽相处的后果也是极其严重的，一不小心，就有可能亲手断送了自己辛辛苦苦建立起来的婚姻。第二种人会认为："现实生活中实在有太多无奈，我对这样的生活早已麻木，时间长了也就习惯了，既舍不得放弃又无法改变，只能凑合着过了。"

不能很好相处的根本原因在于：因为你们本不是一体的，只是因为爱而走到了一起，组成了一个家庭，然后仅仅有爱却并不能解决所有的问题。年复一年的生存打拼，耗尽了当初的青春活力；日复一日的琐碎生活，消融了当初的浪漫情怀。崇高的理想变质了，他们不得不为五斗米折腰；芬芳的美梦幻灭了，取而代之的是柴米油盐酱醋茶奏响的锅碗瓢盆交响曲。有时候即使发现了自己的任性，却又免不了下一次的任性。

其实，生活本来就是琐碎的小事组成的，恋爱的时候这些琐碎小事可以忽略不计，因为爱的冲动和激情遮盖了一切。但结婚后，激情退潮，它们自然就会浮出水面。如果两个人无法处理好这些小事，那么婚姻就无法保鲜，两人无论如何也不能相处得愉快。男女双方若想良好相处，就必需懂得理解和包容。相爱时需要真诚和体贴，争执时需要了解和沟通，生气时需要冷静和控制，愉快时需要分享和珍惜，指责时需要谅解和宽恕，结婚时需要包容和用心，只有懂得包容、体谅和珍惜的人才能得到最甜美的幸福。

生活本就是平平淡淡的，轰轰烈烈只是一时，终不能长久，琼瑶笔下那些为爱轰轰烈烈的故事只是成年人的童话罢了，永远不可能成真。只有长相厮守，在漫漫岁月中相濡以沫才是爱情的真谛。

男人用谎言
掩盖秘密

男人说谎，的确有着悠久的历史，悠久到甚至无法去追溯它的源头。套用古龙大师的一句话："这个世界上有不吃饭男人，却没有不说谎的男人。"男人在说谎方面的表现极为出色，想找一个不说谎的男人恐怕比找一只恐龙还要难。除了传统的忠孝之外，还有友情、爱情以及家庭的亲情，几乎样样都是男人的软肋。若要事事周全，恐怕很难。

男人们在小的时候，就普遍有说大话吹牛皮的可爱毛病，这也为他们长大以后的说谎奠定了基础。所不同的是，成年之后的男人说谎，多半是为了女人。那么，男人究竟为什么会撒谎呢？他内心里究竟有什么不可告人的秘密呢？

[实景再现]

李建结婚两年，和妻子的感情一直都很好，是一对人人羡慕的小夫妻。有一天，李建在下班的路上遇到了一个高中女同学，上学的时候两个人是同桌，逗出了不少趣事。两个人不觉聊起了早年学生时代，十分投机，于是又一同去饭店吃饭，边吃边聊。

两个人的兴致都很高，不知不觉就忘了时间，直到妻子打来电话询问他时，他才意识到已经快十一点了。电话那头，妻子一副质疑的语气："你跟谁在一起呢？"李建只好说："哦，今天公司里来了一位重要的客户，我们正在谈一笔生意。刚才谈得太投入，都忘了先打电话跟你说一声。对不起啊，老婆，如果不是因为这笔生意，我怎么会舍得你一个人在家独守空房呢？现在这么晚了，你就别等我了，先睡吧。"一席话说毕，老婆就感动得不得了了，她的语气明显缓和了许多："那好吧，回来的时候路上小心点，以后再有这样的事记得先跟我说一下，免得我担心。"

李建对老婆说了谎，为的是避免和她发生冲突，也为了耳根的清静，省得听许多唠叨。事实也证明，这个谎言并没有伤害两人之间的感情，而是避免了一场可能引发的误会。试想，如果他跟妻子实话实说，那么妻子心里一定会有所猜疑和不满，即使嘴里不说，心里却对他有了一层戒备。

一个真正成熟的男人，会明白对女人有些问题是不能百分之百讲出真正的答案的，适当的谎言往往能起到调节完善和她之间的关系的作用。如一句"在我眼里，你永远都是刚嫁给我时的那个样子"，会让感叹岁月如梭的女人重新恢复自信，于人于己都不伤大雅，反倒增添了一些温馨的桥段，又何乐而不为呢？

[男人说谎有着坚定的"前提"]

男人的谎言，多半是围绕着女人编造的。因为他们明白，女人都是要哄的，说谎是为了满足女人们的虚荣心和种种要求。一个不懂得撒谎的男人虽然不失为一个好男人，但却会让女人感到索然无味。有人甚至认为，过于坦白也是一件十分残酷的事情，甚至让人无法原谅。

此外，社会分工的不同，决定了男人一生下来就会比女人累，他们肩负的责任更大，他们身上的使命更重。面对困难和挫折，人们往往期望他们既要勇敢坚强，又要成熟稳重。倘若不是如此，这个男人就可能会被看低。但是，人们往往忘记了一点，男人也是人，也是普通人，他们也会出现筋疲力尽的时候，也会有力不从心的时候，此时为了让大家放心，男人就不得靠谎言来蒙混过关，试图以此掩盖真相，使一切看起来圆满无缺。

微妙而又复杂的婆媳关系，也是让许多男人都备感头疼的一个大问题，当两个女人有了争端的时候，男人就不得不在一线狭窄的空间中求生存，对母亲好的话，妻子会说"你是不是不爱我了"，对妻子好的话，母亲又会说他"你这个不孝的孩子"。总之，男人处处都得小心翼翼，弄不好可能两头都做不成好人。这时，聪明的男人就会使点小花招，编些谎言来让母亲和妻子都开心。若是从这个角度来看，谎言也不失为左右逢源的润滑剂，它是为了家庭的和睦，为了缺一不可的亲情，同时也是为了保存男人自己的脸面。

因此，不同的谎言也有不同的目的和效用。有些谎言是为了安抚人心，有些谎言则为了息事宁人，还有些谎言是为了化解冲突，避免争吵，更有些谎言则是为了隐藏事实的真相，保护自尊等。

当然，不同的男人撒起谎来，效果也是不同的。技高一筹的男人总是能把谎言撒得天衣无缝，让女人听了不仅不会再怀疑，反而会对自己的疑心感到内疚；而不善于撒谎的男人，则有可能弄巧成拙，让女人更加疑神疑鬼。

爱是一门学问，婚姻更要求双方不断地维护与经营。面对婚姻中的谎言，女人要理智、清醒地去面对！一个聪明的女人，不会把男人所有的谎言都当成是背叛或欺骗，因为她知道这总比自寻烦恼来得明智。

撒谎的本质是对错误的暂时回避，谎言的产生无关道德，衡量谎言的好坏，不在于它客观上是否欺骗了别人，而在于它究竟造成了什么样的后果。当然，真正成熟的男人也应该明白，谎言只适合用在特定的场合与特定的事件，如果事事都撒谎，时时都撒谎，那么终究还是会伤害到他人甚至是自己的。

女人爱用叨唠 引起男人的注意

女人爱唠叨，这早已经不是什么新鲜的话题。从历史的发展来看，"爱唠叨"一般就是用来形容女人的。也许正是因为喜欢唠叨，所以大多数女人的嘴上功夫都很好，她们比男人更善于组织语言。这就说明了为什么从女人的角度来看，男人总是那么沉默寡言；而从男人的角度来看，女人总是喋喋不休。唠叨就像达芬奇密码一样不可破解，让男人头痛，却让女人痴迷。

男人怎么都想不明白，女人为什么那么喜欢唠叨，翻来覆去地说同一件事情，日复一日，年复一年，难道自己不会烦吗？但女人却恰恰相反，她们从来不觉得自己唠叨，只是说出了自己想说的话而已。之所以没完没了地说，那是因为男人从来没有听进去过。

[实景再现]

李玲和丈夫刚刚结婚一年，本来应该享受着幸福甜蜜的二人世界，可是丈夫却对自己的婚姻产生了越来越多的恐惧。原来，他无法忍受妻子李玲的唠叨，他不明白婚前对他百依百顺的可人儿去了哪里。如今的妻子，好像看他什么都不顺眼，事事都要发表自己的观点，唠里唠叨像个老太婆。

场景一：

妻子：去把垃圾倒了。

丈夫：等我把这场足球赛看完了。

妻子：让你帮我倒一次垃圾有这么难吗？我每天把你伺候得周周到到，现在让你倒个垃圾你都不愿意，你把我当成什么了，保姆吗？

场景二：

丈夫下班后，脱了袜子就扔在了沙发上。

妻子：你说你这个人，要我讲多少遍才能记住呢？袜子不要乱扔，我好不容易才把家里打扫干净的，你多少也得为我想想吧？真不知道你整天都在想些什么！

场景三：

丈夫正在抽烟。

妻子：你怎么又抽烟？跟你说抽烟对身体不好，你就不能戒掉吗？就算你不为自己着想，也得为我想想吧？你说我嫁给你容易吗？天天都替你操心，哪一样照顾不到也不行。可你倒好，心里只有自己，压根没有我的影子。

丈夫：你怎么又在无理取闹了？

妻子：怎么了，说你两句你就给我脸色看呀！你要是不想让我说你，那你就好好表现呀，只会在女人面前发脾气算什么男人！

李玲的丈夫说，他们之间唯一的交流似乎就是听她唠叨，现在他甚至下班都不想回家。

李玲的唠叨让丈夫无法忍受，其实这也是很多家庭的真实写照。从本质上来讲，女人的唠叨的确是一门功夫，她们可以在谈话同时插入好几个并不相关的事情，变换好几种腔调来转移话题或强调重点。但男人却只能分辨其中的三种腔调，所以总是跟不上女人的思路。

女人通常都认为，自己唠叨表示对男人的关心，但男人却并不这么认为，他们大多都会觉得女人的唠叨很吵很烦，用噪音来形容都不为过。那么，当女人无休无止地唠叨时，男人该如何应对？是装聋作哑，是针锋相对，还是报以老拳？

[女人的唠叨是家常便饭]

对于男人来说，让他们受不了的是，女人在唠叨的同时总是能牵扯出多条线索和多个故事，多得让男人受不了，他们只好采取"不理不睬"的措施。如此一来，便造成了一个恶性循环，女人越是唠叨，男人就越是想躲避。当到了无处可躲的时候，他们之间的关系就开始出现微妙的不良变化了。若是男人反击，两人势必会大吵大闹。

女人唠叨的内容无非是家长里短、柴米油盐之类，因为这就是她们生活中的重点，不说这些还能说什么呢？天底下的女人其实都在唠叨，因此男人们不必因为妻子唠叨就采取极端举动，首先要让自己保持平常心。只要男人能把女人的话都听进去，并加以改进，又有哪个女人愿意浪费唇舌呢？

唠叨是女性想获得更多东西的标志，如希望丈夫更多地看到她对家庭所做的贡献或付出，或者有更多的机会改善自己的处境。此外，她们还喜欢通过唠叨来显示自己在家中的领导地位。这也从侧面反映出，其实女人是孤独的，同时也是简单的，她们只不过是想让大家看到自己的好处而已。男人如果明白了这一点，那么平时不妨就多给她们一些赞赏之词。

聪明的男人对于女人的唠叨自有一套应对的办法，他们不会直接反驳，因为他们明白这样无疑于在家里投下了一枚炸弹；他们也不会粗暴呵斥——那无疑是事倍功半的"困兽犹斗"。因此，他们选择沉默，一是用沉默来表达自己当时的情绪、思想和态度，另一方面就是故意以沉默来保持彼此的距离。

聪明的男人应该学会看开一些，把唠叨当成是一种别致的关爱，有时候被人唠叨未免不是一种福分。学会适应唠叨不只会使爱情味更浓，还有益于身心健康。夫妻之间如果"沉默是金"，生活未免太沉闷了。假如有一天没有她在你耳边烦你了，也许反倒会觉得冷清不少呢！没有了妻子的唠叨，就像生活中缺少了音乐。当然，聪明的女人懂得见好就收的道理，因为唠叨如果无止境，很可能会变成扼杀婚姻的杀手。

现代医学研究表明，女人唠叨于她们的身心是有益的，可借此来释放内心的压力，女性寿命比男性长也有这方面的原因。当然，女人也不能仗着自己的这点"生理特性"就从此喋喋不休，毕竟"特性"不能当成"特权"滥用，当心男人会把自己的唠叨当作背叛的理由或是"挡箭牌"。在念叨的时候，女人不妨先问一下自己，若是别人这样对自己，自己能否坦然接受？此外，爱唠叨的女人也应该掌握一下唠叨的艺术，不断地提升唠叨的内容，也提高自己的品位，切记不能触及男人的尊严及地位，这种讲究艺术的唠叨听起来才会有滋有味。

女人喜欢用眼泪宣泄感情

女人的眼泪，已经流淌了几千年，哭泣似乎已成了她们的专利。女人说哭就哭，就如同说笑就笑那般简单、自然、容易。在曹雪芹的笔下，林黛玉就是一个爱哭的人物，她的前世是一株草，为了报答浇灌之恩，今世需要不停地流泪。她踩着自己的眼泪，悲悲切切地走完了一生。其实，女人爱哭只表现在爱人面前，而且她们只会为自己所爱的人流泪不止。

男人最怕女人那无穷无尽的泪水，滴滴答答，看到眼泪男人就会心慌意乱。如果让男人说出最令他们手足无措的东西，女人的眼泪绝对可以位列前三甲。她们哭的理由有很多，可以因为无助，可以因为伤心，可以因为思念，也可以因为委屈。当然，即使没有理由她们也可以流泪，只因为流泪是女人的特权，她们只是喜欢用眼泪来释怀心中的情愫而已。

[实景再现]

一个小男孩问他的妈妈："你为什么总是哭呀？"妈妈回答他："因为我是一个女人。"小男孩说："我不明白。"他的妈妈抱紧了他，说道："你永远都不会明白的。"小男孩又问他的爸爸："为什么妈妈动不动就会哭？"爸爸告诉他："天底下所有的女人都会无缘无故地哭。"

后来，小男孩长成了大男人，他还是不明白女人为什么哭。最后，他拨通了上帝的电话，问道"上帝，为什么女人那么容易哭？"

上帝回答他："当初我创造女人时，她就是特殊的。我让她的肩膀坚强，坚强地足以承担整个世界的力量，但同时她又是温柔的，可以给人慰藉；我给予她内在的力量，让她们承受分娩时的痛苦，同时也忍受孩子们的厌弃；我让她十分坚韧，使得无论情况变得多么糟糕，也能独自支撑下去，哪怕自身也有病痛，也会毫无怨言地照料家人；我给她一颗敏感的心，让她去毫无保留地爱自己的儿女们，即使他们经常做出伤害她的事情；我给了她智慧，让她明白一个好丈夫的标准是什么，让她能够经受得住各种考验；我也给了她眼泪，这眼泪只属于她，需要的时候就会流下，这是她最有效的武器和保护伞，这是她唯一的弱点，这是为人类而流下的泪水……"

是的，女人的眼泪就是上帝赐予的，它甚至代表着一种特权。在感情上，女人更加不吝惜自己的眼泪。当感情升温时，她们会幸福地流泪；当感情遭遇寒流时，她们会难过地流泪；男人提出分手时，女人会流泪；她们主动提出分手时，她们还是会流泪。有的时候，女人的眼泪实在让男人无法捉摸。

男人轻易流泪是懦弱，而女人动不动就流泪则是柔弱，这一字之差却造成了意思上的天壤之别。女人柔弱会让人产生怜惜之心，而男人懦弱则只会让人平添厌恶之情。女人的眼泪挂在脸上，仿佛哭也是一种风姿的展现。

很多男人在看到女人流泪时，只会笨拙地去帮她擦掉脸上的泪水，却很少去想女人到底为什么哭。所以，他只能擦掉女人的泪痕，却擦不掉她们内心的伤痕。如果男人真的爱女人，那就请珍惜女人的眼泪吧，因为这是至情至性的眼泪。

［女人都是水做的］

女人的心都是纤细敏感的，她可以因为某一个触动心弦的细节而感动，进而将感动蔓延至全身，所有伤心的、真心的、痴心的往事涌现脑门，眼泪也会随之而来。想什么时候哭，就可以什么时候哭。女人会在男人面前流泪，是对男人的一种信任和依赖，因为她相信这个男人会抚平她的伤口，会给她安慰和肩膀。因此，面对女人的泪水，男人不要觉得麻烦，而是应该庆幸，庆幸自己可以享受到这种"优惠"，有些男人求也求不来呢！

面对女人的眼泪，相信没有哪个男人可以熟视无睹。如果女人的眼泪是为他而流，那么他们的心中还会多出几分温暖与满足。即使他不爱她，拒绝她，男人还是会陶醉于征服女人的成就感中。但当女人流泪的时候，男人其实不必说太多的话，因为此时的言语显得过于苍白，只需要借给她一个肩膀，让她痛痛快快地在你怀里哭一场，对她们来说就是最大的欣慰了。人大多都是这样，内心的情感一旦被牵动，就会一发不可收拾，女人更是如此。所以，男人不劝则已，一劝就会使她们更加伤心。

很多时候，女人哭泣是一种心理的宣泄，因为现代生活的压力，让每个人都倍感疲惫。虽然现实不相信眼泪，感慨和悲伤并不能代替和抹杀现实，但情绪却是可以自己掌控的，女人不能抑制欲流的眼泪。当一个女人不再流泪时，那她的心也就真的死了，其生存的意义或许也就画上了休止符。

女人的泪水不仅与伤心悲痛有关，与喜乐也有关。一张忧郁的脸久违了幸福和快乐，就会热情地洋溢出愉悦感动的泪水，幸福的女人泪是女人心灵脆弱的表现。泪水不多，只在眼中闪着泪花，兴奋之情溢于言表，那眼中的泪水像一颗颗跳动着的音符，这也是女人对心灵释放的诠释。任由那幸福的泪水随意地流，像夏天里一场大雨，那么酣畅，那么惬意。笑中有泪，一时间的诸多感慨复杂情感难以表达，全部凝聚在这夺眶而出的泪水之中……

生活中不乏有一些坚强的女人，她们在女人中属于"异类"，因为不会轻易流眼泪。即使很想大哭一声，释放一下心里的酸楚，却因为不愿意听到旁人异样的评论，只好忍着泪水，维护着自己在别人眼中的坚强形象。坚强的女人会得到男人的赞赏，但很难得到男人的爱。女人，不要压抑自己的情感，想哭就哭吧，哭泣并不意味着懦弱，它只是一种宣泄情感的方式而已。怀着一颗感动的心，用泪水滋润世间的真善美；揣着一颗怜悯的心，用泪水去祭奠痛苦和哀伤；拥有一颗真诚的心，用泪水去温暖苦痛的灵魂。

眼泪，是情绪的宣泄，是压力的舒解！爱哭的女人并不是脆弱的，她们在眼泪中前行，在泪水中尝尽酸甜苦辣各种滋味，也许会比男人更加了解和懂得生活。

当理性男人遇到感性女人

女人和男人，共同主宰着这个世界。面对生活，男人往往是理智的，理智得几乎让女人产生怀疑，而女人往往是感性的，感性得让男人觉得吃惊。在绝大多数男人看来，感性不能成就大业，只会让自己在女人面前显得渺小，只有理智才是他们的有效武器；而在绝大多数女人看来，过于理智的男人也未免太没情趣，事事都要经过再三考虑，适时的感性倒显出几分可爱。

理智的男人，对待生活很自然。他们不会刻意地为生活添加花絮，他们认为生活就是一个方程式，一步一步的慢慢解析就好，生活的本质就是清淡和纯真，无需打破这种和谐。这让他们越发显得内敛、成熟、深沉。

感性的女人有着纯牛奶般浓浓、甜甜的清香。女人的感性随时流露，感性的女人也随处可见。冬天里一朵花的凋零，秋天一片飞舞的落叶，都会引起她们萦绕不尽的思绪。她们像是天空中漂浮不定的白云，像一条涓涓流动的小河，轻轻地拨动人的心弦……

[实景再现]

一位教授在讲课的时候，请一个男人和一个女人来到讲台上，让他们在黑板上分别写了自己生命中所遇到的所有人的名字。当男人和女人都写完后，教授对他们说："现在，请你们把自己认为生命中可以没有的人名，全部删掉。"男人和女人照做了。到最后，他们写在黑板上的名字分别只剩下了父母、妻子、孩子与父母、丈夫、孩子。此时，他们停下了手中的粉笔，教授又说："请继续删掉人名，你的生命中只能留下一个人。"男人和女人都哭了，这对他们来说将是多么痛苦的选择呀，剩下的这些人都是他们生命中最重要的人，删谁才好呢？

　　男人和女人想了很久，终于艰难地举起了手中的粉笔，男人删掉了妻子与孩子，留下了父母；而女人删掉了父母和孩子，只剩下了丈夫。这时候，教授问他们为什么会做出这样的选择，男人说道："因为若是没有妻子，我还可以再娶；没有了孩子，我还能再生；但父母只有一个，我不能没有他们！"而女人的回答是："随着我慢慢地长大，父母开始慢慢变老，他们总有一天会离我而去。孩子也会慢慢长大，自立门户建立属于他自己的家庭。真正陪我走过一生只有丈夫，他才是我生命中的唯一！"

　　男人选择了父母，女人则选择了丈夫，男人考虑的是人生，女人则考虑的是感情。当然，这则故事并没有批评男人或是女人的意思，只是想说明一个现象。从这则故事中，我们可以看出男人与女人的差别，男人在任何时候都显得很理性，而女人则往往都很感性，尤其是在面对感情问题时。

　　理性的男人虽然需要爱情，却常常把爱情当成生活中的一杯茶，慢慢地去品味，即便是爱，也绝不会为爱舍弃一切。即使是男女携手同行，男人也总是一边面对前方，一边不断地环顾四周。在琼瑶的小说中，那些为爱放弃名利、放弃地位的男主人公，在现实生活中是根本不存在的。

　　感性的女人则通常把爱情当成生命中的全部，她为爱而生，亦可为情而死。恋爱的时候，男方就是她的保护伞，是她的守护神，她会为他的一举一动而陶醉，亦会因为他的伟大壮举而落泪。这些，都会使理性的男人感受到异样的温暖与幸福。只要那个男人对她好，她会不惜付出自己的所有，爱情是她最大的精神支柱。理性的男人与感性的女人，实在是一对好搭档。

[理性的男人，感性的女人]

男人与女人无论是从生理上还是从心理上，无论是从思维方式还是行为方式上，都存在着巨大差异。这是因为人的左右脑分工是不同的，左脑主管抽象思维，而右脑则负责形象思维。男人的右脑发达，因为男人较为理性，而女人的左脑则比较发达，因为女人都较为感性。由此也就不难理解，像恋爱这类比较感性的事，男人能始终保持足够清醒的原因所在了。

"卧薪尝胆"的典故已流传了1000多年，"越王勾践"也被赞颂了1000多年，是什么力量让他忍辱负重了10年，甚至不惜牺牲掉自己最爱的女人？答案是：理智。如果当初他不够沉着不够冷静，也许他早就成为亡国奴。古往今来，理性的男人一直受到人们的敬重。一个男人，无论取得多么巨大的成功，或是遭遇到多大的困难，其生命中是绝对不能缺乏理智的，理智成为衡量一个男人的脊背是否挺直和坚固的重要因素，也是判断他们处事是否镇定的重要指标。

女人的感性主要表现在其丰富的想象力上，一篇文章，一首歌，一首诗，甚至一句话都能勾起她无限的遐想。假使她的眼前正飞舞着一粒尘沙，那么她可能就会想到撒哈拉沙漠，想象着她在沙漠中行走，风沙无情地把她淹没，她是那么孤独那么无助。点点滴滴，滴滴点点，总能激起她一生苦苦的又毫无希望的渴望，总在唤起她本来应该沉寂却像木头板一样压都压不下水底的淡淡忧伤。

理性的男人往往不会对生活过于充满激情，也不会把浪漫当作爱情的调味剂。理性的男人之所以理性，并不是因为不够爱女人，是因为他们也爱自己。理性的男人，可以用来欣赏。理智的男人，是智慧的表现，是在女人无助时可以依靠的肩膀，是在女人寂寞时可以依偎的胸膛。他们是一本耐人回味的书，是一棵可以遮风挡雨的大树，是一座威武挺拔的山峰。

女人思考问题就是比较纯粹感性地直奔主题，你也不能就此说她们想问题简单，因为很多时候她们凭借感性可以"大事化小，小事化了"。

　　感性的女人往往把情感表现得很外在，这一秒还哈哈大笑，下一秒就会愁眉苦脸，没人能猜透她心里到底想起了什么伤心的往事。可当男人突然为她变出一束鲜花时，她又会马上破涕为笑，无论你喜欢与否，这就是女人。

逛街对女人是享受 对男人是折磨

女人都喜欢逛街，这是不可否认的事实。女人一个星期不去逛街，就如同男人一个星期不看新闻一样，坐卧不宁、心绪不定，心里好像总有一件大事情放不下。男人想"不知道国家又出台了什么新措施"，女人想"不知道这几天又增添了哪些新款式"。唉，自己什么都不知道，简直快要成原始人类了，明天一定要行动。

但是和女人相比，男人逛街就有点像是在"服刑"了。男人们若是在一起谈论陪女人逛街之苦，恐怕都会说上一句"同是天涯沦落人"。女人认为，你爱我就应该挽着我的手耐心地陪我逛街。男人则认为，我爱你不等于非要陪你逛街，给你足够的钱就行了。

[实景再现]

张明的妻子是一个典型的喜欢逛街的女人，而张明却恰恰是一个不折不扣的害怕逛街的男人，他们俩在一起没少因为逛街而生气。偏偏张明的妻子逛街时还喜欢拉上他一起去，虽然每次他都不情不愿的。这个周末，妻子的"逛兴"又起，她早早地就起床梳妆打扮一番，而后又经过了生拉硬拽，张明最终又迎来了一次"光荣而伟大"的任务——陪老婆逛街。

还没逛上一会儿，张明的脚就开始疼了，看着妻子那双高达8厘米的鞋跟，他忍不住佩服起来。他们来到了服装部，妻子看上了一件裙子，试穿以后问张明效果怎么样，张明忙笑着说："挺好的。"妻子不满意地说道："每次都是这句话，我看你就没心跟我一起买东西！"张明理亏，只好说："哪有？我看你穿上确实挺好看的，你要是真喜欢，就买这件了。"妻子这才露出了笑容。走出商场，张明已经累得快要走不动了，他原以为就要回家了，可妻子却说还想再买一瓶香水。无奈之下，张明只好和她一起来到了化妆品商场。

在柜台面前，妻子正在左挑右选，他却左顾右盼，只想着赶快结束这场"折磨"。妻子问他："这瓶怎么样？"张明随口就说："挺好的。"妻子又不高兴了："你闻都没闻就说好？"挑选了大半天，她还是没有决定要买哪一瓶，虽说导购小姐嘴上没说什么，但是那眼神就让张明直冒冷汗。最后实在顶不住了，就说："我觉得这几个都挺适合你的，你就赶紧挑一个吧？"妻子终于买了所需要的东西。

回到家里时，张明的骨头架都快要散了，可是妻子却兴致勃勃地试新衣服。张明只能一声"唉"叹，不知道下次"行刑"是什么时候了……

其实女人逛街不在于买不买东西，而在于"逛"的过程。只要是看中的衣服，不管买不买都要先试穿一下，上看下看左看右看，什么时候欣赏够了什么时候脱下来。再看看价格，若是贵了，便不情愿地退出来；若是价格还能接受，也要和店主讨价还价一番，最后欣欣然地拿着战利品回到家。穿给老公看，穿给同事看，在大家的一片赞扬声中，她们也会产生一种优越感，好像自己穿上了这件衣服就变成了绝世美女一般。

[逛街，是乐趣还是折磨]

要说男人和女人在逛街的不同，可是大有说头：比如女人买不买都会问问，但男人不买就绝不会问；女人总试图砍价，男人却总是原价买回；女人总是问"这个怎么样"，男人却总是回答"不错，都好"。女人需要买东西时去逛，不需要买东西时也去逛，看到有便宜的东西，哪怕并不需要或是家里已经有很多了，还是会买回去，心想反正总能用的上。哪怕在大街上看看人流，体验一下流行趋势，也会十分满足。若是遇到恰好打折的商店，挤破了脑袋也要进去，就像捡到了宝贝似的，这一点实在令男人自叹不如。

大到大型商场，小到一元店，一路走来，再累也不愿意错过一家店。无论是厚厚的松糕鞋，还是十寸细跟的高跟鞋，她们都能够悠然自得、步履轻松，这是上帝赋予她们的强项，男人不服是不行的。

大多数女人都无法忍受男人在逛街时心不在焉，很多女人甚至认为：男人不喜欢和自己一起逛街，是不再爱自己的标志。事实真的如此吗？其实，它和爱情并没有太大的关系，而是完全取决于男人与女人不同的性格，不同的认知与需求。女人逛街喜欢体验过程，男人逛街则一般会直奔主题，买了就走，不愿意多停留一秒钟。

在陪女人逛街的时候，男人若是稍微抱怨两句，女人就会用大嗓门回过来："怎么了？后悔跟我一起出来了？我本来就是这样的，你又不是不知道，你要是不高兴可以回家。"堵得男人无话可说，只好既赔不是又赔笑脸，直到把女人哄高兴了，然后两个人再一起逛。此时男人都会想："我怎么这么命苦？以后再也不和她一起出来了。"

在砍价方面，女人也有着不可小看的功力，她们看中一件衣服时，不会直接问，而是会看周围的衣服，最后才转回目标。但即使很满意，女人也不会表现得太明显，她会鸡蛋里头挑骨头，这个地方线头出来了，那个地方针脚不够细，要么样式不够新，要么颜色不够时尚，或者洗了会掉色，或是穿后就起皱等等。不满、赞美说了一大堆，才问价格能不能打折，你来我往几个回合后，女人便带着胜利的喜悦出店门了。而男人则多数直接问价格，问完之后直接付钱，拿到东西就走人。这也是男人为什么不喜欢陪女人逛街的原因之一，他们嫌女人太啰唆。

很多男人都反映，陪女人逛街最难受的地方在于，女人总是东瞧瞧西瞧瞧，问了价却不掏钱，这对他们来说实在是一种很大的心理折磨。有些男人干脆就坐在商场的休息室里等老婆，你什么时候买完了再来叫我，然后一起回家。

女人比男人
更顾虑对方感受一些

如果说男人喜欢说教，那么女人则更喜欢提建议。从客观角度上来看，说教与提建议虽然都是在摆明自己的观点，但却有着本质的不同，前者顾虑到了对方的感受，后者则只是想表达自己的观点。因此，大家普遍都认为提建议更容易让人接受，而说教则让人产生反感。

[实景再现]

周乐和老公结婚五年，在周乐心中，老公什么都好，可就是爱说教，这一点让她十分头疼。有时候他实在是太啰唆，周乐还打趣地叫他"婆婆"。

有一次，周乐和老公一起去商场买衣服，恰巧碰到了一位很长时间都没有见过面的老同学。这位老同学正在为挑选衣服发愁呢！看到周乐，她很高兴，因为周乐在上学的时候就很懂得穿衣之道，让周乐给点建议绝对错不了。周乐也很乐意为同学挑衣服，她说："你的肤色较白，我看这件粉红色的衣服比较适合你，穿起来既显得稳重，又不失活泼，也让你的肤色看起来更加细嫩。"就这样，一番讨论过后，老同学满意地拿着衣服走了。

一直在一旁的老公开始发话了："你总是爱跟人提建议，都说了你多少次别这样，你就是不听。万一你提的建议不符合她的品味呢？就算她现在挺满意，保不准回家又会后悔了呢？到时候肯定会怪你。你这样很容易得罪人的。今天只是一件衣服，改天若是有什么大事也让你出主意，你还说吗？"一听到老公的说教，周乐的头都大了。她说："不就是一件衣服吗？你干嘛这么大惊小怪的？能出什么事儿呀？"老公接着说："你不知道，现在的世道乱着呢？你们这么长时间没见了，怎么就知道她一定喜欢呢？听我的话没错，以后千万记住别再随便给人提建议了。"

此时，周乐的心里一直狂喊："上帝啊！真主啊！菩萨啊！救救我吧！能不能让我的老公不这么爱说教呀！"

夫妻两个人之间发生争执是在所难免的，毕竟每个人的出生环境不同，成长背景不同，受的教育不同，人生的经历也不同，生理个性更是不同，因此对同一件事情有不同的看法也是正常的，为什么一定要让别人听自己的说教呢？也许你滔滔不绝地说了几个小时，对方却一脸迷茫地问道："您说的这都是什么呀？"再说，生活是琐碎平凡的，两个人需要一定的磨合期才能出现和睦相处的景象。此时，双方都应该少一些说教，多一些建议。尤其忌用"我吃过的盐比你吃过的饭还多""我走过的桥比你走过的路都多"及"我是过来人"等语句。

[说教，还是提建议]

男人们，为何你们就那么喜欢给人上政治课呢？女人们，为何你们就那么喜欢给人提建议呢？

看过周星驰的经典电影《大话西游》的人，一定对里面的那个唐僧记忆犹新。在影片里，唐僧是一个不折不扣的喜欢说教的人，那些经典台词即使现在听来，也会令人忍俊不禁："……其实人跟妖有什么区别呢？只不过人是人他妈生的，妖是妖他妈生的，如果人是妖他妈生的，那他就是人妖……"，"……我早就说过不要乱扔杂物嘛，要是砸到小朋友怎么办，就算没砸到小朋友，砸到花花草草也是不对的嘛……"唐僧的说教几乎成了一个挥之不去的经典，那么在现实生活中，男人真的也是这样的吗？

爱说教的男人总是喜欢搬出一大堆道理，而且总以为别人也应该理解。说教的一方觉得自己苦口婆心地劝了半天，却没有任何效果，反而招来对方的不满，心里一定不会好受，说不定还会产生"狗咬吕洞宾，不识好人心"的想法。被说教的人则会觉得，你以为你是谁呀？什么时候轮到你来教育我了，再说你说的就一定是对的吗？你以为自己是出于好心，可我听着怎么就这么不顺意呢？

男人在为自己的说教解释的时候，通常又会冒出一大堆另外的说教。如男人都会这样说："我说你还不都是为了你好？你要是路人一个我才懒得管呢！再说，我说的话都是有道理的，你要是听进去了对你绝对大有好处，你想想，我难道还会害你不成。"女人则会想："你每天都说教说教，有没有考虑过我的感觉呢？你以为只有你懂得多，我就是个白痴吗？"

从心理学的角度来讲，不喜欢听人说教是有根本原因的，每个人都不希望被别人影响，更不希望被别人掌控。因此，即使别人的话是正确的，对自己来说却难以接受，好像自己的想法低人一等一样。直到有一天，女人实在无法忍受男人的说教了，大吼着说："你一天不说教会死啊！"男人这才住口。

男人爱说教和女人爱提建议其实也出于一部分心理原因，那就是女人一般比较心细，会顾虑到对方的心理，同时也担心自己的建议不被采纳，用这样的方式会让自己和对方都更舒服一些；而男人向来大大咧咧，他可不会理会对方是否容易接受，还自以为懂得很多，于是心里想什么就直接说什么。

当高雅女人碰上低级男人

女人偏爱高雅，男人却偏爱低级，千百年来这似乎已经成为不变的旋律了。

高雅的女人，淡泊中轻妙驾驭着生活的脚步，令人琢磨不透，令人如沐春风。如果说美貌是一把利剑，那么高雅就是一把气剑。但是，和女人的高雅不同，男人们通常都偏爱低级，有些男人甚至认为若是崇尚高雅，那还叫男人吗？因此，越是高雅的女人，就越是会让男人觉得此人只可远观，不可接触。

[实景再现]

他和她成长于两个环境完全不同的家庭里面，但是爱情让他们走到了一起，组建了新的家庭。

他是家里的长子，下面还有一个弟弟一个妹妹。父母都是职工，用微薄的收入支撑着五口之家。中国有句话叫："长兄如父"。因此，他从小便肩负着照顾弟弟妹妹的责任，上大学的时候学费都是他自己利用课余时间赚来的，多余的他还会寄回家，用来缓解父母的经济压力。当初，就是他的这份成熟与稳重，打动了她的芳心。她是家里的千金小姐，父亲开了一家中型公司，母亲则是一位大学教授。从小，她便过着锦衣玉食的生活，从来不知道挨饿受冻的滋味是什么。为了把她打造成一个完美女性，家里从小便让她学习钢琴和舞蹈，还定下了很多"大家闺秀"的规矩。长大后，她成为了众人眼中的高雅女子。在他看来，她的一举手一投足，都有着无穷的魅力。

可是结婚以后，各种问题便出现了。她喜欢把家里收拾得干干净净，他却从来不拘小节，报纸、衣服、脏袜子乱扔。她想买两幅山水画将客厅装扮一下，他却觉得这是"乱花钱"，根本没有必要。他习惯在上班的路上吃早餐，可她却认为：边走边吃像什么样子，吃完了再走路！每次出门的时候，他喜欢穿得悠闲随意一点，她却总要花上两个小时梳妆打扮。和别人说话时，他总是粗声粗气，而她在一旁急得连使眼色。有时候，他在家里偶尔也会说上一两个低俗笑话，本是想调节一下气氛，却往往得到她的白眼。总之，他从前的不拘小节成了不修边幅，她从前的高雅大方则成了"不食人间烟火"。

女人都希望自己是一个高雅的人，当然，需要提醒女人的是，高雅是从骨子里、血液里散发出来的，并不是靠一件衣服或是一些首饰就能装点出来的。真正高雅的人应该具备静态美与动态美的协调，无声美与有声美的协调，外在美与内在美的协调，自然美与艺术美的协调。可是，当你的高雅与男人的低级有了冲突时，又该何去何从呢？

［高雅女人，低级男人］

赵雅芝，一个在20世纪80年代的娱乐圈里风行一时、如今仍不失其魅力的名字，如果说这个女人是高雅的，相信应该没人反对。冯程程、苏蓉蓉、姚木兰、白素贞，一个个角色都被她演绎得入木三分，即使是演一个沦落风尘的女人，也必定是一个令人敬重、恬静从容的女人，她身上的那种与生俱来的典雅高贵气韵是掩饰不住的。当然，也许有人会说，那是因为角色为她增添了许多发挥的余地，事实上，她所扮演的角色很多人后来也扮演过，但高雅的意味明显不足。再说，赵雅芝已经50多岁高龄，可是每次出现都能让观众眼前一亮，这个女人难道是不会老的吗？

多少女人都梦想着自己能够成为像赵雅芝这样的人，不过男人们却有不同的观点，他们觉得凡人就是凡人，该低俗的时候就应该低俗，高雅有什么用，不食人间烟火的人只能在小说中出现。现实生活中若是真有这样的人存在，恐怕男人也会敬而远之。其实仔细想想，男人的话也不无道理。一个人再怎么高雅，却总归是离不开现实的。女人对男人也颇有微词，她们最无法忍受的就是男人的低级，让她们跟一个低级的男人一起吃饭或是看电影，好像就辱没了她们的身份似的。

男人偏爱低级也是有很多因素的。一直以来，男人都是社会的顶梁柱，虽然"妇女也能顶半边天"，但是在传统的世俗观念里，男人的地位依然是女人不可替代的。正是因为这样，让男人们普遍形成了"自己才是主导者"的思想，女人若是太高雅了，势必会抢去他们的风头，暴露出自身的劣势。再说，整天被一个高雅的女人说自己低级，对男人的自尊心实在是不小的打击。所以，高雅的女人只能当成一个花瓶，远远地观望就行了，若真的把她放在身边，说不定哪一天就划伤了自己。男人明白了这一点，当然就不会崇尚高雅了。

说到底，其实女人的高雅与男人的低级是相辅相成的，没有高雅便不会有低级，没有低级自然也就衬托不出来高雅。看来，男人和女人要将这一对冤家进行到底了！

男女选择的 观影类型大不同

男人和女人在家里掀起"电视大战"，似乎已经不是什么稀奇事儿了，男人和女人也习惯了这样的"大战"。毕竟电视一般只有一台，但男人和女人的口味却至少有两种，因此他们的选择是不同的。

女人不明白的是，男人看球赛时怎么会那么兴奋，用嗓子喊还不够，时不时地还会用手脚比划一下。男人不明白的是，女人明明看的是别人的故事，为什么每次自己都掉眼泪，还总是莫明其妙地联系到自己。

[实景再现]

女人和男人结婚三年了，男人事业有成，女人持家有道，二人世界过得有滋有味。可是只有一点让两人都颇为不满，那就是在看电视的问题上。为了电视，他们总是争论不休，女人想看琼瑶式的电视连续剧，无论是国产的还是日韩东南亚的，她都看得津津有味；男人则每次都想把频道转到体育节目，无论是足球篮球，还是乒乓球网球，甚至是橄榄球棒球曲棍球，他都看得不亦乐乎。于是每到晚上，两个人都要为看什么节目而争论一番。

一般结局会有三个：一是男人获胜，女人则在一边数落个不停。二是女人获胜，带着一肚子气的男人则上床呼呼大睡。三是两人平分秋色，约好这个频道看半个小时，那个频道看半个小时。

男人总是说女人："真不知道你整天看这些没用的肥皂剧做什么？里面演的再感人也是假的，再说演员一个比一个做作，每天爱来爱去的，除了谈恋爱好像没有其他事情可做了，一点也不现实。真不知道你看个什么劲！"

女人也毫不示弱地反驳他："我看电视剧没用，那你看球赛就有用了，哪个球队获胜关你什么事呀，你每次都紧张地好像自己在比赛一样。我看那些球赛无聊透了，几个大男人跑来跑去地争一个球，你每次还都像丢了魂一样地看。"

总之，他们是"公说公有理，婆说婆有理"，最后的结果是"依然争"。

这种现象只是很多家庭的缩影，很多夫妻每天都在这样的"大战"中度过。女人爱看足球的不多，懂得足球的就更是少之又少；男人爱看电视剧的不多，能被剧情打动的更是微乎其微。如此一来，产生"电视大战"也就不足为奇了。

男人对女人说，电视剧迟早会重播，你早看晚看都是一样的，但比赛必须看现场直播，只有这一次，不能错过。女人对男人说，电视剧是我的必修课，一天不看我心里就难受得慌，再说中断了一天，我就联系不起来剧情了，那样我会发疯的。一些男人实在说服不了妻子，只好约了三五个和自己同样命运的男人，一起去酒吧狂欢，双方谁都有收获。

[女人的电视情节，男人的体育情节]

德国的一项调查显示了一个有趣的现象：有35%的德国女人宁愿一辈子单身，也不愿意和男人生活在一起，理由竟然是——这样可以不必忍受每天被强迫看体育节目。听起来实在是既荒唐又好笑，但也足以证明女人对体育节目实在是不感冒。

女人看电视剧的目的除了打发闲暇时间外，还有一种寄情的意思，她们会随着剧情的发展起伏，有时兴奋，有时失落，有时开心，有时难过，实际上是情感上的一种宣泄和精神上的满足，为自己平淡的生活找一丝乐趣。因此，电视剧之对于女人来说，绝不仅仅是娱乐。

其实男人看球赛与女人看电视剧是一样的，比赛中险象环生的动态情节，充满悬念的未知结局，都会让男人的每根神经都崩紧。最重要的是，每个男人在看球赛时都有自己所钟意的球队，当这个球队获胜时，他们就仿佛共享了胜利的果实，而当球队失败时，他们也会感到伤心与失落。若是再遇到自己喜欢的球星，男人的兴奋劲儿就更足了。

男人们甚至认为，电视中的男主角都是"奶油小生"，一个个都号称"美男子""少女杀手"，光是听了浑身就起鸡皮疙瘩。再听听里面的台词：今生今世我只爱你一个，我对天发誓永远不会变心……即便所谓的硬派小生，也不免显得矫情。他们哪能和赛场上的球星们相比，那种动态美、力量美、野性美，那才是真正的"酷"。

很多电视剧从本质上来探讨，几乎就是为女人量身定做的。因此，女人耗在电视上的时间，远远超过男人。那么，当女人在看电视的时候，男人在做些什么呢？或许是陪着女人一起看，毕竟男人的承受能力较强，也不会和女人一般计较；也或者不忍卒睹电视中男女主人公的缠绵，常拂袖而去。不过，却很少听说男人会因为这样而和女人离婚的。若真如此，那么这样的男人也未免太过于心胸狭窄了，他会在全世界的女人面前都抬不起头来。若从这个角度来看，女人应该也是不会因此而和男人离婚的，毕竟和生活比起来，电视只能算作鸡毛蒜皮的小事，实在犯不着。

女人习惯通过承诺来找寻安全感

女人理想中的男人，首先应当是一个勇于承担责任的人。这包括对爱情的承诺、对家庭的承诺、对未来的承诺，几乎所有女人关心的问题都是男人需要给予承诺的事情。责任，一个沉甸甸的字眼，平时我们总能够听到诸如"责任重于泰山"之类的话。对于男人来说，有没有责任心、敢不敢勇于承担责任是判断其是否成熟的一个重要标志，而推卸责任、开脱自己的男人则往往为人所不齿。

如此一来，女人们便都养成了一个习惯：喜欢男人对她做出承诺，仿佛这样自己才会更有安全感，虽然她也明白所谓的承诺只不过是一句话而且，周围的一切也并不会因此而发生改变，但她们仍然乐此不疲。男人则不会轻易做出承诺，因为一旦承诺就意味着自己的身上多了一份责任和使命，轻浮的男人会认为这会使自己活得很累，成熟的男人则在考虑万一承诺无法兑现，对女人来说岂不是伤害？

[实景再现]

男人和女人谈了将近两年的恋爱，男人是沉稳幽默的，女人是活泼可爱的，两个人在性格上相得益彰，感情一直顺风顺水。唯一让女人不满意的是，男人从来不肯对她做出承诺，这让她觉得很没有安全感，好像随时都有可能失去他一样。

有一次，两个人正在甜蜜地逛公园，女人突然心血来潮地说："我要你对我说一句话。"男人有些迷茫，问道："什么？"女人说："我要你对我说，今生今世只爱我一个人，永远都不会变心，直到海枯石烂，天荒地老。"话音刚落，男人的脸上就呈现出了十分犹豫的表情。说实话，他的确很爱女人，但要他说出这样的话还是很难。

女人很失落，抱怨道："说这句话真的有这么难吗？如果你真的爱我，不用我提醒，你早就该说出来了。可见，你还是不够爱我。"男人想辩解，可是又觉得语言过于苍白，女人的话不是没有道理。但是作为一个男人，他深知承诺有千斤重，但不说并不代表不爱女人，只是不想让这份爱被承诺所束缚，不想让自己是因为承诺而不得不去履行一些责任。当然，这其中也有私心，但绝对在情理之中。这种心理，又有几个女人能够理解呢？

很多女人甚至把肯不肯对女人做出承诺，作为评价男人好坏的一个标准。不管这个标准是否科学，它已经成为流行的趋势。

女人应该学会适应一个人的生活，总是渴望男人给自己承诺，仿佛少了承诺生活就少了主心骨的女人，大多都不是特别自立的女人，这样的人不适合在激烈的现代社会中生活。只要男人把爱女人的心放在心里，哪怕只是用行动表示，女人也应该感到幸福无比，不是吗？

承诺之所以珍贵就是因为它来之不易，倘若多如牛毛，那么也就失去了本来的意义。女人也应该清醒地认识到：如果一个男人动不动就承诺，那么他的话又有几分的可信度呢？

事实上，女人最怕的不是男人不给承诺，而是给了承诺后却无法实现，相信男人也是如此。所以，聪明的男人为了不给自己找麻烦，一般不会轻易做出承诺。但一旦承诺了，就需要全身心地付出行动去实现，甚至用生命去实现。那些随便承诺的男人，其实只因为他们没有想过要负责。

[承诺，真的这么难以出口吗]

古往今来，责任都是促使男性从男孩到男人质变的重要原动力与助推器，而这也是让女人产生安全感的重要前提。男人不愿意轻易承诺，也是因为责任总是让人联想起不堪承受的重担，因此越是有人强调，躲避的人就越是大有人在。其实责任原本就是一张现实的网，它的作用力与反作用力总是处在反复的缠绕之中，当我们一门心思要求别人承担责任的时候，自己也同样深陷其中。而责任的逃避，伤害的往往就是那些最亲的人。当然，这也并不能成为我们随意要求别人的托辞。

责任，不仅包括男人对女人的情感责任，其范围和外延还要宽泛很多，比如对父母的责任、对家庭的责任、对爱人的责任、对社会的责任、对工作职能的责任、对上下级的责任、对朋友的责任，甚至对陌生人的责任等等。此外，对于很多团队中出现的问题，他是否敢于承担哪怕不是过错的责任呢？是否敢于先进行"自我批评"呢？这是一种境界，更是一种隐隐流露的成熟男性的魅力。

承诺本来就是男人与女人的一场角斗，有时皆大欢喜，大部分情况却是两败俱伤。可即便是这样，男人到底该不该承诺这个问题，还是被人们翻来覆去地讨论。如果一个男人真的深爱一个女人，那么有没有承诺根本是无关紧要的，也是没有区别的。女人要求的多了，男人反倒会怀疑：你究竟是爱我这个人还是爱我的承诺？

很多女人都认为，承诺代表着男人对她们的重视程度。女人也许不会为了争取男女平等而煞费苦心，但她们绝对不会放弃争取她们在男人生活中的重要地位。男人做出承诺，便意味着认可了她们需要的位置，同时也代表着一种契约关系的形成。从某种程度上来说，女人是在寻求一个避风的港湾，一种可以依赖的安全岛。但是对于男人来说，他们很可能宁愿亲手为女人盖上一座遮风避雨的房子，也不肯轻易说一句："无论将来变成怎样，这辈子我只爱你一个人！"

奉劝男人一句：如果你真的爱女人，如果你不想她伤心流泪，那么就不时地给她一些承诺。倘若你从来不说，那么就不要怪女人心存怀疑。男人若不向她许下承诺，女人难免想到这个男人只求片刻欢愉。也奉劝女人一句：如果你真的爱男人，如果你不想他有太多负担和压力，那么就不要时刻逼着他做出承诺，没有他的承诺，你们不还是一样生活吗？你若追问得太紧，男人难免会对你撒谎。他们会这样说："我从来不会对任何一个女人许下诺言。"

02

男人说谎时
的小动作

　　尽管这个世界上有不少老练的撒谎高手，但人在说谎时心里还是会心虚的，就如同一个小偷在大街看到警察就会不由自主地掉头一样，虽然从他们的行动上看不出破绽，但他们的表情及心理活动却早就出卖了他们。因此，只要仔细观察，就会发现再老练的说谎高手，身上也会有一些不寻常的蛛丝马迹。

["看穿" 他的谎言]

一份调查显示，在平时的社会交往中，人们说谎或是被谎言欺骗的次数多得让人不可思议。当然，对于善意的谎言人们当然可以不必理会，但若是出于欺骗和伤害，那么又该如何呢？怎样才能知道对方是在说谎呢？下面就为大家详细介绍一下。

1. 尽量不提及自己的名字

美国的赫特福德郡大学的一名心理学教授认为，人们在说谎的时候会感到不舒服，因此他们会本能地将自己从所说的谎言中剔除出去。如男人本来约好和女人见面，但却因为一些私事给耽误了，当女友质问他时，他往往会说"车坏了"，而不是说"我的车坏了"。因此，如果当你向某一个人提问，而他总是反复地省略"我"字时，就有了被怀疑的理由。

2. 被反复问一个问题时有异常表现

可以问一个人问题，当他回答之后问第二次，通常情况下他的回答和第一次一样。经过一段时间空隙后，说谎者的身体及情绪会平静下来，他们可能会想"我已经蒙混过关了"。此时，第三次问他同一个问题，此时他所有的生理反应都已经消退，整个身体呈现出正常的状态，也就是说不在说谎的状态了。结果很可能是恼羞成怒，然后诚实坦白，也有可能平静地说："我跟你说实话吧。"

3. 眼睛会向右上方看或者过分盯着对方

通常情况下，说谎者在说谎的时候，眼睛不会直视对方的眼睛，因为他们害怕自己的谎言被看透。科学研究发现，人在说谎的状态下，眼球的运动方向是右上方，如果人们在试图忆起确实发生的事情的时候，眼球的运动方向则是左上方。这是一种反射性动作，除非是受到严格训练，否则是很难假装出来的。

当然，那些高明的撒谎者对这一点心知肚明，因为他们说谎时可能会强迫自己的眼睛加倍专注地盯着对方的眼睛，利用这种"反其道而行之"的方法以避免被发觉。不过，由于说谎者注意力太集中，他们的眼球很快就会干燥，然后频繁地眨眼，这是一个致命的信息泄露。

4. 说谎者不会"忘记"

问一个朋友，前一天晚上从下班到晚上睡觉之前都做了些什么事情，从朋友的回答中便能判断出他是否在说谎。因为要想记住一个时间段内所有的细节是非常困难的一件事，几乎没有人能够做到，他们在说的时候通常会反复纠正，如"我回到家，先打开了电话——哦不对，是先从冰箱拿出了一瓶饮料，才坐在电视机前的。"这是正常人在陈述时常见的现象，但说谎者往往不会这样，他们会把所有的事情"记"得很清楚，或者说他们在自己的脑海中已经假定好了一切场景，"不对，我刚才说错了"这样的话很少在他们的口中出现。不过，也恰恰是这一点，使他们暴露了自己。

5. 声调不由自主地提高

如当一个男人接到了情人所打的电话，而此时妻子就在旁边，他就会不由自主地提高声调。困此他十分心虚，若声调变低，担心妻子对他产生怀疑，于是用高声调来掩饰内心的活动。

6. 真假笑容的判断

美国匹兹堡大学的一位心理学教授经过长期观察和研究发现，笑容也能出卖说谎者。真正的笑容是均匀的，它来得快，便消失得很慢，且会牵扯出眼睛周围的笑纹。但是，伪装的笑容则恰好相反，它来得比较慢，且不太均衡，眼部的肌肉没有被充分调动，而收得也比较快。

　　此外，说谎者在回答问题的时候，往往喜欢将话变得更加简单，还伴有摆弄手指下意识地抚摸身体某一部位等细微的动作。也就是说，越想要掩饰内心，越是会因为身体动作的变化而暴露内心。

[下意识的以手掩口
或以拳遮口]

人无完人，男人更是如此，从古至今，男性仿佛都是麻烦、闯祸、邪恶、坏蛋等的代名词。或许天性使然，或许习惯作怪，男人们总会做出各种各样的错事。在此，错事指的并非是真的不被法律、道德、社会所容的事情，而是不能够被女人们所忍受，更不能够被自己的女人所忍受的事情。也正是如此，男人们常常就要受到怀疑、指责等等一系列的麻烦，而此也正是男人所不愿意和不喜欢接受的。于是，他们开始说谎，或为求得女人的宽恕，或为减少自己的麻烦等，只要能够达到完美掩盖自己的"罪行"的目的，不管是什么，男人都一定要冒险来说一说。

但，事实就是事实，真相无法被改变，他们在说谎的时候也常会有发现自己说漏嘴的情况，而此时心中有鬼的他们通常都下意识地以手掩口或者以拳遮口。这个动作源自大脑瞬间的条件反射，所以常常不自觉就会出现了。但此举动却常常起到欲盖弥彰的效果，为此，聪明的男人还会接着寻求其他的手段遮蔽，比如说再顺势咳嗽以带过，或者立马挠头等。

[实景再现]

王洋是一个非常"调皮"的男人，25岁的大男人了，却常常像小孩子一样闯祸，比如说在家尝试"化学实验"，而没有采取任何安全措施；比如说敲钉子的时候找不到铁锤干脆拿起妻子的高跟鞋，最后为掩盖事实将不小心被弄坏的鞋藏起来等等。为此，王洋的妻子常常是哭笑不得，但是为了制止住王洋的冒险和浪费行为，通常都会好好惩罚王洋。然而，本性难移，早已养成的习惯怎能说改就改，王洋的搞怪行为仍在进行中，只是转到了"地下"。一次，王洋的妻子因工出差到外地，家中就剩下王洋一个人了。没有妻子管制，王洋可算开心至极。第一天，他彻夜不归，撇下自己的笔记本，非拉哥们儿网吧通宵。第二天，第三天，第四天，王洋也都花样百出。到第五天，王洋玩累了，于是回了家。可是，家中腐烂的剩饭菜招来了许多蚊子、苍蝇等。王洋气坏了，随即拿着苍蝇拍追赶这些小东西，可赶了好半天也没能将他们都消灭。虫子们没累，王洋却累了，于是倒头便睡。可是，不久王洋就痛苦地醒来了。气愤难当之时，一个妙计在王洋心中浮现。再算算时间，妻子应该还有一天才能回家。于是，王洋马上就采取了行动。下午下班，王洋激动万分，飞驰回家欣赏自己的战果。然而，令他更"兴奋"的事发生了——妻子提前归来，怒目相视。原来，为了报复蚊虫，在离家前，王洋将空调开到零下7度。可这怎能告诉妻子，不然堂堂男子汉颜面何存？于是，王洋撒谎说空调坏了，可妻子不信。王洋接着说谎，然而聪明的妻子虽然无法将其驳倒，但却也仍将信将疑询问。情急之中，理屈词穷的王洋随口辩白："谁让那几只死蚊子先咬我……"话没说完，发现自己漏嘴的王洋以手遮口，当他再改口的时候，妻子早已哈哈大笑，知道了答案。

很多女人常说男人说谎没漏洞，或者说无法辨别清楚，甚至有越分析越难以理出头绪的困惑。其实男人在说谎的时候，并不像表面上那样平静和有条理，通常情况下不用认真辨别，只要重点观察他们的小动作就可以了，因为有些小动作常常欲盖弥彰，出卖他自己，比如说用手遮住嘴巴。

用手遮住嘴巴这个小动作常常是在男人们说漏嘴的情况下，为了遮盖自己的错误的时候由无意识引导而做出的，就是说谎的确凿证据。而他们很可能还想蒙混过关，比如在条件反射的瞬间发现自己的错误，再进行其他的解释或者顺势做些其他小动作。但是，不要怀疑，答案已经揭晓，而且其对"以手掩口"这一行为所做的后续掩饰行为越多，就越代表他在说谎。

[以手掩口，就是说谎的证据]

男人其实也并非特别喜欢说谎，但是在男人心中更无法忍受被女人怀疑、不信任，进而给自己增添许多麻烦等，故此他们宁愿冒险说谎。所以，男人们在说谎的时候，通常都非常不安、心虚，而且特别敏感，言谈中即使出现一点点小漏洞，都一定会想办法尽力修复。由于他们这种追求"完美"的心理，男人们在说漏嘴的时候，基本上都会出现停顿，以手掩口就是其中最明显的标志之一。

其实，很多时候，男人们的"说漏嘴"很可能只是他们自己的发现而已，而女人却不一定发现。但是，男人们的"聪明"让他们很可能会以为女人也会发现、也已经发现了，或者总会发现。于是，他们非常容易就做出了"以手掩口"这样聪明反被聪明误的举动。

当然，以手掩口这种掩饰行为所带来的欲盖弥彰的后果，也可能被男人洞察，但是这个动作通常都是由条件反射，或者说是人类不知不觉间所表现出来的下意识行为使然。即使男人们再聪明，再有自制力，也不一定能够克服人类的通病。

故此，只要男人在说谎，或者说男人虽然嘴上赞同女人的看法，但是如果他有用手遮嘴巴的系列"家族"动作，那么就说明他百分百在说谎了。

试图转移话题

男人其实并非天生爱说谎，他们说谎大多数是因为社会的环境以及女人的压力。如今社会，男人身上的压力越来越大，于是偶尔出些小问题是非常正常的，但是即使这些小问题并不怎么严重，或者仅仅只是男人的一种特别爱好，可并不代表能被与他们心理感受存在差异的女人们的理解和容忍，于是男人不得不说谎。

人说，说一个谎，就必须说另外一个谎去圆，说了另外一个谎就必须再说其他更多的谎来圆前面所说的所有的谎。男人们选择说谎，很可能只是出于一时之便，但是这并不代表他们就想要说谎，他们也知道圆谎的道理，于是，在不得以说谎的时候，男人们通常总会试图避开与谎言相关的所有的话题。或因为他们不愿意说谎，或因为他们没有能力说那么多谎，还或者因为他们因为说谎而心烦、心累了等。

[实景再现]

黄杰是一个绝对的新好男人，温柔体贴、长得帅，赚钱还多，最重要的是做得一手好饭，还懂得疼爱妻子。于是，黄杰的妻子在他的宠爱下过起了小公主的生活，每天衣食无忧，有接有送，生活得令人艳羡。可也正是因为这个原因，黄杰的妻子年近三十，心理上却仍然像个没长大小孩子。这点，被黄杰的朋友们知道后既羡慕但也有些许嘲笑。但是，黄杰却不这么认为，在他心中，像小孩子一样的女人是最最单纯、最最让人喜爱的女人。而且他丝毫不怀疑宠爱妻子的做法，更要求自己要将这种宠爱进行到底。

然而不久，黄杰这种想法发生了改变。原来有一天，因为工作的需要，黄杰的同事们一起到酒吧喝酒，虽然黄杰心有犹豫，但是碍于领导们都在，只得一同前往。他们所去的酒吧，声色场合，有舞有酒，虽然黄杰并没有做出对不起妻子的事情，但是身上的味道却让人不得不有所联想。果然，一到家，娇妻就问他身上怎么有酒味。黄杰不想撒谎，但却怕妻子有所怀疑，而且更害怕酒吧的环境、内容会污染到了自己的小妻子，于是就随口说是和朋友们一起喝酒。可是，声色场合怎会那么简单，闻到他身上的香水味后，妻子又张口发问。这下可难坏了黄杰，思考片刻，他只好说是因为朋友的妻子也在。这下，娇妻更好奇，不为别的，只因为这香水味道好闻，于是一定要让黄杰将其朋友的妻子介绍给自己认识。这下真难倒了黄杰，于是他只好随口应付，然而妻子却非常认真，还一脸不情愿地要求黄杰答应自己，或者时不时催促黄杰是否已经安排见面等。而黄杰每每听到此事，总会一脸苦相地东扯西拉，打马虎……

男人说谎的原因有很多，谎话的性质也有很多，有恶意的，有无伤大雅的，但是也有很多是善意的。但是，听者却通常不管这么多，总会依照谎言的常用词性将它们全部否定。所以说，不管出自什么原因，一个人只要说了谎，就一定要付出代价，要么将谎言进行下去，要么中途承认错误，要么想办法避开与谎言相关的话题等。而在谎言的延续问题上，男人大多都会选择"避开与谎言相关的话题"这个办法。因为这个办法通常最能够解决问题，或者说最能够解决自己的麻烦，或者说最能够让对方随着时间的流逝而淡忘自己的谎言等。

所以，当一个男人不停地避开一个问题的时候，那么他一定在这个问题上说了谎，或者在这个问题的相关问题上说了谎。

[想方设法避开的话题，一定是有所隐瞒的话题]

男人虽然总是说谎，但是他们却不善于圆谎，于是，在谎言无法再进行下去的时候，他们通常都会选择避开这个话题，并且一并避开与其相关的话题。你可能会说他可以选择承认，但是男人却不这样，因为他们的虚荣心和要强的性格不允许他们这样；你可能会说他们可以选择继续下去，但是男人也不这样，因为谁能够忍受整日纠缠于谎言中，即使是男人也并不能够轻松胜任编造谎言、记忆谎言、永远圆谎、总是担心着谎言被曝光后的情景等。

男人说的谎言并非都是恶意的，而且很多都是善意的，或者说是夹杂着善意、无伤大雅、维护自身思想等的复杂性质的谎言，所以说他们只要承认了谎言，就等于也否定了自己谎言中那些善意、无辜的成分。于是，他们宁愿避开与谎言有关的所有话题，希望大事化小，小事化了。

男人们说谎以后，很可能为了达到自己的目的而一时间刹不住车，东扯西拉、真假参半等。这样一来，他们也非常可能将自己给绕进去了，也就是说在他们兴奋的脑海中也分不清哪部分是真哪部分是假。为此，他们理智地要求自己必须要避开与谎言相关的话题，以免再祸从口出或者不打自招等。

男人在说谎的时候，为了不让女人发现，通常都会极力掩饰，看似非常镇静，其实，他们内心也非常慌乱、自责和痛苦，所以通常不愿意再进行话题，即使与其谎言哪怕仅有一点点相关的任何话题。

男人撒谎，也有很多万不得已，而撒谎本身就是一件痛苦的事情，于是痛苦之下（正在撒谎）的男人只有选择回避。

03

男人说谎的
真实心理

在中国的古代兵书《孙子兵法》中，通篇都是教男人如何撒谎如何表演的文字。那意思好像是说，一个男人若是学不会"摸底"，就无法熟练地为人处世，在领导、同事和朋友眼里，不是白痴就是书虫。当然，男人绝不会想成为白痴或者书虫中的任何一个，于是他们学会了说谎，对家人说谎，对朋友说谎，对领导和同事说谎，对自己的妻子也说谎，似乎这是一种不得不学习的生存技巧。那么，他们说谎的具体原因会是什么呢？

[不能让女人知道
事情的真相]

我们从小便受着这样一种教育：做一个诚实的人，千万不要撒谎。然而，在这种谆谆教导下不断成长的同时，世界上却极少有不说谎的人，也可以说几乎没有从不说谎的人，尤其是男人。就像人常说的，找到一个从不撒谎的男人比找到一个恐龙还难，由此可知，男人说谎已成为一件十分普遍的事情。

为什么成年后，反倒学会撒谎了呢？纵观天下的男人，绝大多数的谎言均是围绕女人撒的，或是为了取悦于女人，或是为了使所爱的人免受伤害，或是为了免除不必要的唠叨与约束，或是为了掩盖某种真相……那么，男人撒谎是一种正确的行为吗？在某些境遇下，他又为何要掩盖"真相"呢？

[实景再现]

友佳接到好友李萌的电话，被告知周末在黄河饭店有个同学聚会。刚参加完同学聚会的友佳并不信以为真，在她的再三追问下，李萌告诉她是杨帆从美国回来了，他想见友佳。

对于那个再为熟悉不过的名字，友佳曾经从梦里一次次惊醒，嘴里不停地喊着它。去还是不去，一时间，友佳难以定夺。她的眼前仿佛又清晰地浮现出那一幕：在没有任何异常的樱花盛开的一天里，杨帆突然对友佳说："友佳，我们分手吧！"这句话犹如晴天霹雳，令友佳坐立不安。过了许久，她鼓起勇气问道："为什么？非要这样做不可吗？"杨帆无情地回答道："我已经不爱你了，爱情是不能勉强的……"短短的几秒钟后，他再次重复着那句话："友佳，我们分手吧！"

两年后，友佳嫁给了另外一个男人。那个人的家庭背景很好，有权有势，有房有车……她的生活也由此安定下来。可是，杨帆为什么又在此时出现？她思索着。

为了参加这次宴会，友佳做了精心的准备。周日，在一豪华气派的包间里，她看到了杨帆眼中的喜悦，杨帆告诉友佳，他不敢给她打电话，害怕她会不来。在那天的宴会上，杨帆喝了很多酒。饭后，他们一起来到舞厅，音乐奏响，人们双双滑入舞池，杨帆向友佳伸出手，做出一个邀请的动作，几句无关痛痒的话后，友佳一头雾水地向杨帆问道："你不是已经不爱我了吗？何必再次见我呢？何必大摆宴席呢？何必……"还没等她的话音落下，杨帆便一本正经地解释道："事实上，我离开你并非不爱你，只是为了前往美国继承一份不大的产业，更重要的是，父母为我介绍了一个美国女友，她的父母在华盛顿身居要职，我曾经鬼迷心窍，现在才深知那个女孩并不适合我，她既没有你漂亮，又没有你有才华……"这时，杨帆一股脑儿地把友佳搂在怀中，继续说道："友佳，我已经与她离婚了，看在以往的情分上，我们重归于好，可以吗？"

原来，杨帆之所以回来见友佳，只是为了重燃旧情。刹那间，友佳猛地从他的怀抱中挣脱出来，她的心一下子沉了下来，机械地陪他舞动，无心再听他喋喋不休的话语。

虽然在爱情的世界里，并没有谁对谁错，但在这个故事中，为了所谓的事业，为了美国女孩的家庭权势，杨帆掩盖真相，欺骗友佳他已经不再爱她而离开友佳，当他真正醒悟的时候，却想继续回到友佳的身边，可是，有些错误一旦铸成，仿佛再也没有回旋的余地。此时的友佳，已经拥有自己的家庭，自己的幸福，相信在内心深处，她已经没有办法再重新回到过去，重新接受自己的"旧爱"……对于杨帆而言，在他曾经"放走"友佳的那一瞬间，就注定着他必将失去这份难能可贵的爱情。

[男人由于掩盖"真相"而说谎，女人应该加以理解]

在现实生活中，绝大多数男人均会用不同层次的甜言蜜语向女人发起"进攻"，其中最有效的武器就是谎言与欺骗，谎言原本就是欺骗，而欺骗又是用谎言来实施的。他们时常为了掩盖某种真相而撒谎，比如，当他在感情方面出轨时，便会掩盖自己背叛妻子的真相；当他夜晚下班晚归时，便会掩盖与别的女人一起看电影的真相等。

说谎的本质，就是对矛盾的暂时回避。短期掩盖真相的谎言，长期可能是一种善意，反过来也同样成立。对于男人来说，不撒谎是不可能的，他可以长期掩盖某种真相以欺骗部分女人，也可以短期掩盖某种真相以欺骗所有女人，但却不可能长期掩盖某种真相以欺骗所有女人。谎言本身与道德无关，衡量男人所说的谎言好坏，不在于它在客观上是否欺骗了心爱的人，而在于它在主观上是否欺骗了自己。一个男人是否值得女人去爱，重要的不是他为掩盖真相而说了多少谎，而是他自己是否已迷失在人性的海洋中。

对于男人掩盖真相的谎言，或许女人已经习以为常；对于男人掩盖真相的欺骗，或许女人早已无话可说，但从某种角度来说，女人只有生活在男人的谎言里，才可能幸福快乐，因此，无论如何，女人都应对男人掩盖真相的谎言予以一定的理解。

[想在女人面前 塑造自己的英雄形象]

有的男人为了满足自己的虚荣心而撒谎。如，有的男人想在女人面前把自己塑造成为英雄，可是自己却实在没有英雄的事迹，所以呢，只好瞎编乱造了。其实，这种男人并不可恶，相反值得同情，毕竟他有成为英雄的愿望啊。

[实景再现]

小武是土生土长的农民的孩子，考上县重点高中后，小武处处想与城里的同学比。他经常跟班上同学说，尤其是跟班上漂亮的女生说："父母都是做大生意的，自己家里很有钱。"平时他买饭菜，总比别人买得多，买得好，还硬要分给班上同学吃。结果十天不到，他就把一个月的生活费全花光了。这可怎么办呢？思考再三，他对班主任王老师撒谎说："家中有事，父母带信叫回家一趟。"就这样，小武离开了学校，回到了自己的家乡。五天过去了，十天过去了，始终不见小武来学校上课的王老师，亲自去家访，这才知道全家正在为小武的生活费犯愁。

其实，贪慕虚荣与说谎就像是一对"孪生姐妹"，有此即有彼。虚荣的人会表现出具有夸张与戏剧性的行为，有时因为抬高自己而超乎实际，一个人爱慕虚荣，有时他什么样的事情都可以做得出来，什么样的假话都可以说得出来。

事实证明，无论男人还是女人，如果虚荣心强的话，就会引发很多不良、甚至违法犯罪行为。其实，男人的好胜心绝不亚于女人，也就是说，男人和女人一样，有着极强的好胜心，不允许别人看低自己。然而，当这个心理因自身条件不能被别人(多数是自己一时的认识)时，会使得其好胜心转化为虚荣心。上面的事例中的小武就是这样的一个例子：因好胜，而又对自己缺乏正确的认识，所以导致虚荣心作怪，谎话一说再说。

这样的现象，在女人和男人之间更是常见，而且场面也通常更加激烈。因为成年男人通常都非常需要女人们赞许的目光，这对于他们来说是一种生理上的需要，更是心理上的需要。

［男人因虚荣而说谎，你如何面对］

促使男人说谎的原因很多，但是，究其原因，除面子、自尊、掩饰等外，贪慕虚荣是其中重要的一点。不管究竟是何原因促使男人撒谎的，一旦发现男人撒谎，我们应该怎么办呢？

1. 弄清楚是否真的在撒谎，千万不要未经调查，就给以"莫须有"的罪名，冤枉了他。因为很多时候，问题并不像自己想象中的那样。

2. 作为女人，我们自己也应该自我反省。回忆自己平时是否逼对方太狠了点，或者自己是否在无意间说了什么谎话，以免影响到他人。很多时候，男人说谎也只是因为想在女人面前表现得高大一些。

3. 偶尔有一次的、善良的谎言，作为女人，实在不必大惊小怪，但是亦不能不管不问，应学会去分析男人撒谎的原因。如果属于其自身的原因，就说这次可以原谅；如果他再犯就应该帮助他找一找原因，或者对说真话予以鼓励。毕竟，说谎可以因为虚荣，女人也可以接受和理解这样的谎言，但是虚荣不能够成为说谎的筹码。

4. 对男人的话不能全信，当然也不能完全不信。若发现疑问之处，应当仔细询问并作调查核实，及时纠正。虚荣心是一种非常可怕的东西，它能够让男人上瘾，尤其是面对女人的时候，有些时候甚至会因此而酿成大祸。

5. 与人交往时，应该给予对方信任和理解，尤其是生活过日子。男人们因为虚荣心偶尔说些小谎，或许是因为他们想要增强自信心或者说是为了给女人一个好的心情等，所以该理解的时候，还是应该给予宽恕，这样不仅可以免去生活中的麻烦，而且还可以让自己的男人变得更加自信等。

6. 不要对男人提出过高的或者他经过努力后无法做到的要求，因为人非圣贤，更非超人，并不是想要做什么就能够做到的，男人亦是如此。如果你这样逼迫对方，他们通常就会选择撒谎了，最终只能是女人自己搬起石头砸了自己的脚。

7. 注意给男人保留自尊心。即使怀疑男人说的谎话，我们也最好不要去追问和拆穿，更不应该当着许多人的面对男人进行盘查，或当着第三者面直接指责，要知道损害男人自尊心是任何纠正方法都不会收到正面效果的。而且，自尊心强烈的男人在面对自己的尊严危机的时候，通常会选择将大话说得更大，将谎言撒得更加弥天。

总而言之，有的男人说谎，通常都是为了避免在女人面前丢脸或者想要得到女人赞许的目光等。所以，男人经常会说出这样那样的谎言，然而大多数谎言也都是男人们为了掩饰一些不足，增强一些魅力，让自己心爱的女人更加喜爱自己罢了。

用谎言掩饰
自己的过错

在这个世界上，几乎没有不说谎的男人，可以说，说谎已经成为了男人与生俱来的天性。男人往往会将"相信我，我永远都不会骗你"这样的话语挂在嘴边，其实，他这样说的时候，就已经撒下了一个弥天大谎。谁能够保证自己一辈子都不说谎骗人呢？男人只不过是想要用这样信誓旦旦的话语来打动女人的芳心，以获得好感和信任。因为他们知道，女人都总是沉浸在琼瑶的小说中，所以都吃这一套。

在《孙子兵法》与"三十六计"中，大多都是教男人怎样说谎、怎样表演的文字。男人若不会说谎，就不能熟练地为人处世，在领导、同事或朋友眼里，不是白痴，便是书虫，更不能够隐瞒男人天生的风流习性所造成的一系列问题。

[实景再现]

杨波在一事业单位工作，久而久之，喜欢上了办公室的一个女孩，其实，他也不是不爱自己的妻子，只是觉得跟那女孩呆在一起没有烦恼，因而很愿意与她相处。但他也清楚地知道，妻子无法容忍他有另外一个女朋友，于是他就千方百计地不让妻子知道。他总是以"工作忙"为理由挤出时间与女孩约会，每到这时，他也不能关掉手机，因为那样会引起妻子的怀疑。他会特地将手机的SIM电话卡倒过来装，这样，当妻子打来电话时，他的手机就会自动应答"您拨打的用户不在服务区，请稍后再拨"，也就会很好地打发掉妻子。

纸终究还是包不住火的，杨波的妻子还是发现了这件事，因为每次"不在服务区"的时候都刚好是周末下班之后。终于，一个周末的下午，当杨波和女孩一起走出办公大楼时，恰好被妻子堵住了。妻子掐指一算，杨波骗她已有大半年之久，于是她就毅然决然地提出了离婚。杨波解释道："如果我告诉你我跟那女孩之间并没有什么，你不仅不会相信，还会很痛苦。那我就告诉你，我是爱你才骗你的，我不想失去你，我这一切都是为了你才这样做。"妻子想不明白，最后还是选择了离婚。

男人发生外遇时，常常会冠以加班或因公不得不应酬之类的理由。用这样的谎言糊弄女人，为的就是遮盖自己惹下的风流债，为的就是害怕女人担心或者避免与她发生冲突，同时也为了耳根的清净，免得听很多唠叨。

世界上女人有很多，男人说真的爱的女人不止一个。男人对女人朝秦暮楚仿佛是一种天性，而且他们还会给自己找一个理所当然的借口，比如他们觉得获得一份爱情会让自己很累，女人只不过是男人生活的调味品，犹如吃饭一样，经常吃肉，偶尔换一下青菜也很不错。

而通常情况下，女人都心甘情愿地接受男人的谎言，有些甚至还傻乎乎地认为真的是自己不好，比如男人常说的一个谎言"因为我爱你，所以要离开你"，在说这话时，男人必定会饱含深情，而且是一脸的不舍与无奈，此时，女人一定会有一种负罪感，认为真的是自己不好。男人的谎言妙就妙在明明是他自己想要分手，结果却说得好像是对方辜负了他一样，总之，男人天生就是个演员。

[男人为遮盖风流债而撒谎，并非一种稀有现象]

对于男人来说，说谎简直就像是家常便饭那样自然，而且说谎时说的最多的一句是"我爱你"。在一些男人眼中，女人只不过就是一家客栈，只是在累了的时候停下来休息片刻，他们不会长期住下来，并且不会永远住进同一家客栈。

男人说谎的本领是天生的，不论是道貌岸然还是俗不可耐，不论是博士硕士还是文盲半文盲，都对说谎有着张口即来的本领。曾有这样一则包含着深层意义的故事：一天晚上，男人整夜没有回家，第二天，他告诉妻子自己睡在一个兄弟那边，他的妻子就给他最好的十个朋友打电话。其中，八个朋友均确定他睡在自己的家中，而另外两个人也回答得非常含蓄，由此可知，男人为遮盖自己惹下的风流债而撒谎，并非一种稀有现象。这些谎言在表达方式上可谓是千奇百怪，其背后所隐藏的真相也不尽相同。

满足他人的要求

　　说谎，本质上是对错误的暂时回避，谎言的产生与道德无关，衡量谎言的好坏，不在于它客观上是否欺骗了别人，而是在于它主观上是否在欺骗当事人自己。天底下没有几个男人不说谎，假如10个男人在赴约途中都被突然刮倒的路牌砸到了，其中有8个男人会说谎，还有1个是哑巴，最后剩下的那个才会实话实说。据统计，男人一生之中至少有一半的时间都在说谎，这些谎言在表达方式上可谓是千奇百怪，背后所隐藏的真相也都各不相同。那么，男人为何会对一个深爱他的女人说谎呢？他内心究竟有什么不可告人的秘密呢？

　　男人的谎言，大多都是围着女人而编织的。为何男人爱说谎呢？因为他们清楚地知道，女人是用来哄的，很多时候，男人说谎是为了满足女人的虚荣心和种种要求。男人的谎言有许多种，为的都是达到不同的效果：有的是为了安抚人心；有的是为了息事宁人；有的是为了化解冲突；有的是为了缓解矛盾；有的是为了隐藏真相；有的仅仅是为了保护自尊。总之，男人说谎有多种目的。在此，探究一下男人说谎的一个目的：为保护自己。

[实景再现]

　　林萍和丈夫陆浩刚结婚没多久，就出现了一个问题，即林萍很不信任陆浩，因为结婚之后，她发现陆浩以前说的许多话都是骗她的，为此，他们还经常吵架。一次聊天时，林萍问陆浩："你前一个女朋友长什么样子？她的性格怎样？你当时是怎么追她的？"话音刚落，陆浩淡淡地说了一句："我过去的女朋友，就那么回事。"过了一会儿，他接着说道："我不想再说这些问题，你最好也不要再问我以前的那些事情了，我并没有去追究你的过去。"这个结果把两人弄得都挺不高兴。林萍心想：难道男人就那么不愿提起他的过去吗？我问他的过去，并不是刻意地在乎什么，不管是谁都会有过去，过去的虽然都过去了，但也可以让人提起吧。如果我很在乎他的过去，那我还跟他谈什么恋爱啊，我问他的过去，只是想要对他多一些了解，毕竟婚姻是需要相互了解的，倘若一味地为了结婚而结婚，那将来出了问题怎么办，不还是要面对吗？难道我问他的过去就意味着我在揭他的伤疤吗？

"你前一个女朋友长什么样子？""她的性格怎样？""你当时是怎么追她的？"对于所有的女人来说，男人前任女友的情况永远都是她所好奇的，即便男人已经交代过很多遍，她们依然会坚持不懈地问下去，身为丈夫，如果不说，女人会大怒："你到现在心里还记着她，不然的话为什么不能说呢？"如果说，不仅一遍遍地重复着很麻烦，假如这一次在某个细节上说的与上次不大一样，就必定会激起一场大战。所以，为了更好地保护自己，男人往往都会选择最好的办法，淡淡地回答一句："我过去的女朋友，就那么回事。"

女人总认为自己有权知道男人过去女友的真实情况：她有多好，有多美。但当那些隐私观念比较强的男人面对这样的问题时，通常都会为保护自己而敷衍了事。虽然男人也都懂得诚实的重要性，但总有一些问题是他们不愿意回答的。如果一旦结了婚，就没有一点隐私权，男人就会觉得好像是被人剥光了衣服一样，因为过去的情感正是他们最安全的隐私地带。作为女人，需要注意的是，结婚并不意味着要变成透明人，人至察则无徒，倘若太过坚持，往往就会事与愿违。

[为保护自己，男人往往会用谎言来代替]

世界上没有不说谎的人，而男人被认为尤其喜欢说谎。一个男人若品质上没有任何问题，他对女人说谎，或者是因为自尊，或者是因为掩饰，比如失业、受骗、降薪、赌博输钱等有损男人尊严的事情，不到万不得已都羞于启齿。倘若此时女人能够主动关心，好言诱导，男人最终都会如实坦白。此外，对于涉及异性的事，如吃喝玩乐、出差旅游、旧情往事、跟女人有关的商业应酬、接受女性朋友的馈赠等，为避免麻烦，男人都会下意识地对女人说谎。

事实上，说谎并不是男人的错。男人天生都背负着很多责任，被要求诚实、勇敢、坚强，被要求不能流泪，被要求忠贞，被要求成熟，被要求有理想。毕竟男人也是人，也有脆弱的时候，当他们不能承受时，就会开始学着说谎。

不管是人生经历，还是感情过程，每个人都会有一段过去。对于过去，男人往往都不愿意再重提，原因很简单，这就说明他很在乎现在所拥有的一切，不愿意让过去的那些事情影响到现在的生活，他们懂得，幸福的生活是从现在开始努力。其实，男人是一种特别怕受伤害的动物，因而即便是两个人的关系程度特别深，他也不愿提起自己的过去，以此来保护自己。于是，每当被问起时，他们总会用谎言来代替。

[阻止矛盾
的再升级]

在这个世界上，没有不说谎的男人。有些男人认为，说谎只不过是为了减少不必要的争吵。因为女人喜欢猜忌，总是疑神疑鬼，为了避免真相说出以后被女人继续审查盘问，他们才迫不得已说谎，并减少由此导致的争吵。这样说来，说谎对男人来说似乎天经地义，他们说谎，只是想避免女人接下来的一切行动，仿佛全为了维护这段感情，防止双方因为小事争吵。

[实景再现]

李霞在一所中学里担任语文老师，在朋友、同事、学生眼中，她始终都是温柔和气的。平时，她连猫眯小狗都舍不得打一下，更不用提动手打人了。可让人没想到的是，她第一次打的人却是自己的老公。

李霞和老公刚结婚不久，她偶然在老公的钱包里发现了一张汇款单，才知道他偷偷地给家里寄了3000块钱。老公家在农村，条件一般。平时，他都把工资交给李霞，由李霞负责每个月往他家里寄500元钱，过年过节加到1000。如今，面对这张汇款单，李霞实在想不通：老公为什么要瞒着自己往家里寄钱？寄就寄了，为什么不能跟自己讲一下呢？

她更奇怪的是，过年时，她特意问过他，公司除了双薪还有年终奖吗？结果他信誓旦旦地讲，因为受经济危机的影响就没有了。可是，如果没有年终奖的话，他哪来的钱往家里寄啊？这样一想，李霞知道老公骗了自己。这让她愤怒无比，想当初，自己不顾父母反对选择嫁给他，就是因为觉得他老实、忠厚、可靠，可就这样一个人，居然也是靠不住的。

当李霞向老公质问时，他却不承认，并说这些钱是自己平时省下来的。当李霞说要打电话给他的同事求证时，他才承认公司确实发了5000元的年终奖，他给家里寄了3000，准备用另外的2000给她买礼物。然而，此时的李霞根本听不得任何解释。在她的脑海中，只重复回荡着四个字：他骗了我，他骗了我……她气得禁不住抖了起来，眼泪不停地流。老公抱住她认错，道歉："我之所以骗你，是因为不想让你心烦，不想让你觉得我们家老是不停地要钱。所以才没跟你商量，我下次不会了，你原谅我吧……"然而，气愤至极的李霞，开始用手打他、咬他、踢他……后来，老公竟把她往地上一推，大吼了一声："够了，你这个女人太可怕了！"就摔门而出。

男人，明知道谎言一旦戳穿，少不了双方的一场骂战，少则三五日，多则一两个月甚至更多。可是，为什么男人撒了一次谎后，并没有乖乖地学会老实交代，反倒变本加厉，好像患了说谎上瘾症一般，并且越来越懂得编造谎言，越说越像是真的，不知悔改呢？

男人们为自己辩护：说谎是为了避免不必要的争吵。的确，我们不可否认，说谎的确可以避免一时的争吵，但是，躲得过初一躲不过十五啊，谎言总有被戳穿的一天。再说，说了一个谎，后面往往需要一个又一个的谎言来圆这个谎，所以，一旦所有的谎言被戳穿，引发的后果将会更加严重。

[躲得了一时，躲不过一世]

　　说谎似乎成了男人的一种习惯，男人总是自觉不自觉地对另一半说着谎话。有些人在说谎这方面真的已经达到炉火纯青、登峰造极的地步了。也许谎话说得多了，自然就习惯了，也就说得顺口了。于是觉得那些平时说惯了谎话的，会自然而然地说谎，也许他的本意并不是真的想说谎，只是习惯了吧，当然，这时候圆谎的功夫也就可以做得一流了。

　　在我们所谓的爱情中，谎话应该是最平常和多发的了。有的时候，说谎是为了不让对方担心；有的时候，说谎是为了对方高兴；有的时候，说谎是不想让彼此难堪；有的时候，说谎却也仅仅是为了避免不必要的麻烦……但是，不管原因为何，说谎都不是解决问题的最佳办法。也许你的谎言是善意的，但有些时候，与其苦思冥想编造谎言，倒不如光明磊落、坦诚以待来得实际。

[维护自己 的自尊]

男人为了维护自己的面子，往往会承诺一些也许不可能发生的事情，甚至说谎，如若有一天，女孩子发现了也许只是一场梦又会怎样呢？这究竟是不是男生的通病呢？

说谎是指有意说不真实的话。心理学上的解释是以欺骗方式歪曲事实真相，以达到某个人某种目的的一种不良行为。为自尊和面子，男人会说谎。家庭幸福的女人，一般都是在外面把面子给男人留足，因为男人都总是自我感觉良好，很多时候，他们都把"面子"视作生存的第一位。

[实景再现]

小张是山东省曹县人，父亲在乡办企业当会计，母亲除了务农，还在村里开了一家小商店。当地经济颇不发达，跟左邻右舍相比，张家算得上是殷实人家。小张从小就是班上的学习尖子，所到之处听到的全是赞誉声，同时，他也是一个非常自信的人。

然而，自从考上大学后，小张却像变了一个人一样。来到美丽的大上海，小张发现，苦读书的书呆子并不受欢迎，反而是那些张扬个性，有着特长的人才是香饽饽。小张宿舍里的其他六个男生，要么来自于城市，要么出身在富裕家庭，个个桀骜不逊，经常不上课，反而受到老师的喜爱。

来自农村的小张，不标准的普通话，土气寒酸的装扮，窄的知识面，处在人群中非常地不自在。除了学杂费，小张每学期有1200元的生活费，但在消费水平极高的上海，必须要精打细算才能填饱肚子。看到室友的花天酒地，小张既鄙视他们，又为自己的贫穷而万分苦恼。他怨恨自己为什么出生在穷乡僻壤，甚至抱怨父母无能，不能给他更好的物质享受。

小张是一个自尊心强、很要面子的人，为了能够和其他人"并驾齐驱"，他开始从外到内包装自己。可是，在这个消费水平很高的城市，他的那一点生活费怎么够用呢？他从老乡那里打听到，上海有一襄阳路，大街两旁的店铺全是卖"仿真名牌"的，那里的服装、鞋帽、箱包，价格比真品便宜好多，外观却足以乱真。于是，小张经常一个人跑去"淘"东西。每次，小张买了"仿真名牌"，宿舍里的室友们翻看时，他都会故作坦然地说是在某某商场或专卖店买的。听着室友们的赞叹，看着他们羡慕的神情，小张的心里甭提多爽啦。

久而久之，小张越来越"放得开"了。时不时地以买资料为借口，骗父母寄钱，然后拿着父母寄来的钱和室友们"花天酒地"。年终考试，小张全军覆没，再加上家里拿不出钱给他交学费了，小张不得不离开美丽的校园。此时，后悔已晚矣！

为了所谓的面子，小张葬送了来之不易的上大学的机会，真是可怜又可悲。当然，在现实生活中，大多男人不会像小张一样糊涂，但不可否认的是，在日常生活中，有一些男人为了自己所谓的面子和自尊心，往往会不自觉地制造出一些谎言来维护自己的光环，夸耀自己的成就、能力以及夸张以前的辉煌，以期迎来旁人羡慕的眼光。

其实，男人在伤心、失落的时候，他们需要的不是女人的同情和眼泪，而是鼓励和帮助，因为女人的同情往往会让他们看到自己的弱点，这就严重地伤害到了他们的自尊心。这是关系到面子的问题，所以，为了面子，男人去说谎也是可以理解的，其实这也都是大男子主义思想比较严重所致。

[打肿脸还在充胖子，何苦呢]

有些男人，明明知道自己错了，却还是会打肿脸充胖子，把场面应付过去。其实，你不知道的是，也许别人早就看穿了。的确，说谎，你是骗谁呢？难道仅仅是为了面子？有时候，作为一个男人，应该学会放下一些，承认一些，如：是的，我错了；是我误解了；我确实不明白……不然，你要用多少谎言来维持，你要死多少脑细胞，别人又会在心里笑你多少次？

人啊，坦白一点，那样就不会觉得累了。男人们，只有放下一些不该在乎的东西，才能轻松自在，无拘无束地生活。

建立良好的人际关系

在日常交流中，聪明的人知道给对方留面子，知道照顾他人的感觉和情绪。在与他人的交流过程中，给对方留面子，使话语协调进行，除了要遵守合作原则外，更要注意礼貌原则，注意照顾到他人的感觉和情绪。礼貌原则要求对于一些敏感性、刺激性话题，尽量不要直言不讳，所以那些看似在拐弯抹角、声东击西，违反合作原则，甚至是谎言的话语，实则是在给对方留点面子。但需要注意的是，不管怎样，自古以来都认为说谎是不对的。

[实景再现]

场景一：在一家公司内，阿强是一个中级职员，他的心地是公认的"好"，可是一直升不了职。和他同年龄、同时进公司的同事，不是独当一面，就是成了他的上司。另外，别人虽然都称赞他"好"，但他的朋友却并不多，不但下了班没有"应酬"，在公司里也常独来独往，不太受欢迎。并不因为他的实力差，他也有相当好的观察、分析能力，问题是，他说话太实称了，总是直言直语，完全不顾他人的感觉和情绪，所以，无论是间接还是直接地，都对他的人际关系有一定的影响。

有一次，同事小张跑来问他说："阿强，阿强，我今天头发做坏了，是不是很丑？"没想到说话不经大脑的他回答说："不会，头发没那么糟，你的丑和头发无关。"他的一句话足以把小张气死，从此之后，小张再也没有理过他。

工作上如此，在生活上小张也是如此。有一次，小张看到岳母的丝袜有点皱，便小心翼翼地说："妈妈，我们等一下要出去，您不妨把丝袜拉一拉，弄平整一点。"没想到岳母的回答是："我没有穿袜子。"

其实，"实话实说"在人性中是一种很可爱、很值得珍惜的东西，也唯有这种实话实说的人，是非分明，正义邪恶分明，美和丑分明，优点和缺点也很分明。

但是，在现实生活中，"实话实说"却是一种致命伤，不伤人不伤已的谎言反而能让你所向无敌。因为喜欢"实话实说"的人说话时，只看到现成问题，往往也只考虑到自己的"不吐不快"，而不去考虑别人的立场、观念、性格。他的话可能是一派胡言，但也有可能鞭辟入里。一派胡言的"实话实话"，对方明知是在说自己，却又不好发作，只有闷在心里；鞭辟入里的"实话"因为直指核心，让当事人听后非常不舒服，甚至会反唇相讥，招架不住时，可能就会怀恨在心了。所以，不顾他人感觉和情绪而实话实说，不论是对人或对事，都会让人受不了，从而严重地影响到你的人际关系。因为这样的人，人人都不愿接近，以免自己受到伤害。所以，很多人为照顾他人的感觉或情绪，都会选择说谎，尤其是爱说谎的男人。

大量事实证明，在不得已的情况下，如，为了顾及他人的感觉或情绪的情况下，谎言比实话实说，直言直语来得好、来得妙。因为，一针见血，或者是胡言乱语地指出别人的毛病，尽管出发点是好的，但其杀伤力很强，很容易让别人下不来台。

[说谎是因为顾及他人的感觉或情绪]

宏健和一个要好的兄弟一起去参加朋友的舞会。宏健是一个非常帅气、开朗的小伙子，而他的那位朋友则是相貌平平，没什么特色。舞场上，许多女孩子围着宏健转，频频约他共舞，和他一起来的兄弟则显得极为孤单。宏健意识到了不妥，于是托辞身体不适，把兄弟推到了舞台中央。兄弟很快便被卷入了舞池，他的快乐是不言而喻的。宏健以友情为重，不想自己的兄弟有被忽视的感觉，于是声称自己不舒服，从而为兄弟赢得了时机，使其心灵得到抚慰，这必定会使他们的友谊更加深一层。

良好的人际关系是一个事业发展重要保障。在日常生活中，为了维护良好的人际关系，男人的一言一行都会为对方的感受着想，进而安抚对方的心灵，不会使对方产生相形见绌的感觉。与此同时，他们自己的心灵也会因安然自慰而有一个极好的心情。

因为在乎，
不想失去

当一个男人的谎言被女人揭穿时，他有时会这样说："因为我爱你啊，所以才骗你。我也是为了你啊""我爱你，我怕失去你啊，所以才说谎骗你"。就是这么一两句话，把所有的责任推得一干二净。

在男人们看来，说谎是有理由的，这个理由就是害他们说谎的一个人或物，错误并不在于他们。即使是承认了错误，也非得拉个垫背的。

女人是感性的动物，女人的心非常柔软。有时，也正是因为男人的这么"一说"，女人就原谅了他。也许男人正是抓住了女人的这一心思，所以才一而再、再而三地说谎。

[实景再现]

一个男孩对一个女孩说："我走了半个小时才发现一家便利店，就为了买张电话卡给你打电话。"

"我已经睡了一觉，可是突然想起来没有给你打电话，所以虽然现在已经是深夜两点，我还是挣扎着起来打给你。"

"我这个周末哪里也没有去，很乖很乖地待在家里。"

......

女孩知道，男孩子说这些都是为了哄她开心，让她不要以为他出去花天酒地，可是女孩也知道：他两天前才买了张可以打400分钟的电话卡，他根本没有去超市。就算电话卡真的用完，以他懒惰的性格，也绝不会专门跑出去买卡。

深夜两点给女孩电话，是因为刚刚从外面玩回家，看到手机上有女孩发来的信息，让他回家了打电话给她，因为女孩有事情要找他商量。他怕整晚都不回电话，女孩会疑心或者生气。

没有哪个周末他会两天都呆在家里不出门，他是个喜欢热闹的人，两天都在家，除非真的有什么特别的事情。

……

女孩自认为不是个小气的女生，也从不会因为他跟朋友玩到很晚而质问他，更没有限制过他的自由。他周末或下班后跟谁出去，女孩也从来没有说过反对或者因此而不高兴。

女孩很了解男孩，可正是因为了解，所以也总能轻而易举地看穿他自以为万无一失的谎言。女孩试图让自己做一个"聪明"的女人，假装什么也不知道，还感动地对他说："你对我真好。"可是，当这些谎言一而再、再而三地出现在她的面前时，她开始失落，开始失去理智，开始不断地联想：

他永远都没有那份心思，为了给自己打电话而特地去便利店买电话卡，哪怕他开车5分钟就可以到。

他跟朋友出去玩的时候，听到了自己的电话，可是就是不愿意接，因为他在和另一个美眉吃饭，或者他不愿让朋友知道她有女朋友。

他周末跟其他美眉出去玩了，所以不想告诉自己。

……

要知道，谎话骗得了一时，骗不了一世，东窗事发后，后果将会更严重。男孩的谎言往往带给爱他的人一种说不出的难受，让爱他的人没有安全感，觉得不可靠。

男人总是自以为聪明，认为善意的谎言可以遮盖一切，但是，爱他的女人往往会看出一丝端倪，除非她不够爱他，所以不会把他的一言一行放在心上，又除非她把一切都看得很清楚，只是她不忍心揭穿他。

男人们总是觉得那些知道他们说谎却不说的女人是"聪明"的女人，可是男人们，你们怎样才可以做一个"聪明"的男人，给女人们真正想要的东西——坦诚和真心呢？

情侣或者夫妇之间相处，最重要的就是坦诚，无法坦诚面对伴侣会摧毁亲情与爱情。原因很简单，信任和不诚不能共存。没有信任，二人关系就失去了它的核心。信任对健康的爱情非常重要，以至于在任何情形下，没有它，双方之间的爱情都不能茁壮成长。

[爱人的态度：说谎是因为在乎]

虽然说谎是恶劣卑贱、让人唾弃的行为。但这何尝不是一个在乎的表现？何尝不是需要勇气的表现？正是因为在乎才会说谎，因为不舍才会说谎，不是吗？至少，这说明他还愿意花心思想谎言，还有害怕失去的恐惧，他至少知道你不喜欢他做什么。

有时候，事实会比谎言来得更痛。虽然这话本身就像是谎话，可还是有它的道理的。男人有自己的生活喜好，可并不为女友完全接受。既想自己过得开心，又不想女友不开心，所以选择说谎！说白了，是不想让女友伤心。看过《杨光的快乐生活》的人，都知道里面有这样一个情节：

夏丽和杨光在雨中相拥……

夏丽问杨光："你爱我吗？"

"我不爱你能编那么多谎话吗？"

……

是啊，对一个人的爱越深，就越害怕失去对方，也就越想要隐藏自己不好的一面。所以，如果有个男人骗了你，请不要去责怪他，对于陌生人来说，他完全可以坦白他的一切，因为他不害怕失去一个对他来说根本不重要的人；而对于一个对他来说很重要的人，他不愿失去。

其实，实话和谎话之间只是在乎的对象不一样，原因只因为害怕失去。如果你不喜欢说谎的男人，若想要他改变，就需要耐心等待，慢慢的，你就会明白你改变了他和他的生活，既然改变了就请你对他以后的生活负责任。这就好比是，他原本是一只全身长满刺的刺猬，而爱他的人不喜欢他身上的刺，于是，他就忍痛一根根的把它拔掉，可是，那个人最后却不要这个没有刺的刺猬了，试想一下，是你的话，你会有什么样的感觉呢？

他改变了，请你用心和眼睛去看，如果看不见，说明你不爱他，说明他和你根本没有关系，不在乎你的看法，所以请陌生人不要信口雌黄地去批评一个和你没有关系的人。

[讨他人 欢心]

有生活的地方，就会有谎言，男女之间的谎言更是说不清道不明。找一万个理由向你说谎，那是因为爱你；可以找一万个理由与你分手，那是因为无法爱你。

有时候，男人说谎是为了想要博取女孩子的芳心。其实，这种男人是不可靠的。这种男人通常都是情场高手，因为他们懂得女人喜欢什么，不喜欢什么，所以他们专挑女人喜欢听的话说，哪怕是假话也说得眉飞色舞。其目的不言而喻——猎取女孩的心。这种男人是非常可怕的，因为他只在乎猎取的乐趣，一旦猎物到手，他也就失去了兴趣，就会收起他的"殷勤"，恢复原来的面目。

[实景再现]

热恋中的男女最忌讳的就是谎言，欧阳每次想起那个爱他的说谎男孩，就有一种切肤之痛。

欧阳与男孩的相识简单而平凡。在医院，他们都在照顾病人，欧阳照顾的是单位里的一位同事，而男孩照顾的则是他的大娘。男孩有一个落落大方的堂姐，因为她，他们很快便熟悉了。男孩子长得很好看，也非常聪明，常常变着花样地讨她欢心。

二十多天过去了，当他们要离开医院的时候，男孩约欧阳单独谈话，让欧阳吃惊的是，男孩对她表白，说他已经深深地爱上她了。欧阳对他也有好感，于是两人信誓旦旦，挥泪惜别。

思念、牵挂、等待成了他们的主要生活内容之一，小欧阳是个懒散的人，不习惯写信。而男孩的信却一封接一封地来到她的身边。不久之后，欧阳发现男孩一直都在骗她，其实男孩的实际年龄只有19岁，而且还是位待业青年！更让人吃惊的还在后面。男孩在老家竟然有一个女朋友，并且两人已经订了婚，打算年底结婚。当初称24岁的人，在年龄上说谎；当初谎称自己没有女朋友的人，如今却变出了一个未婚妻出来。欧阳迷茫了：为什么男孩要说谎？为什么男孩要如此骗自己的感情？

女人的愚蠢来自于她们喜欢听好听的话，比如男人的奉承，这往往就是一些一无所有的感情骗子得逞的原因。女人天生喜欢浪漫，男人天生不解风情，这其实是个规律。当一个男人出乎意料地浪漫时，通常不是个可靠的男人。

日常生活中，男人为了追求一时喜欢的女孩子，或者是讨女孩欢心，常说：

"我不在乎你的容貌"，

"我什么都答应你"，

"你是我的唯一"，

"我一定会改的"，

"我发誓……"，

"我错了。"

……

总之，可以说，男人为了赢得女孩子的芳心，什么样的谎话都说得出口。所以，针对女孩来说，面对讨好自己的男生，千万要保持理智，透过现象看其本质，看出其真心与否。

［恋爱前保持理智，破解男人的谎言］

正所谓"女人似花男人像蝶，花愈香则蝶愈盛，花越艳则蝶越狂。"蝶恋花是千年不变的真理，男人不在乎女人容貌，那几乎是少之又少的。

日常生活中，男人好像一激动，就忘了自己并不是万能的。于是，他们常常摆出一幅上帝的架势，不经大脑思考地说出："我什么都答应你！"或许，他们不知道上帝也不是万能的。试问一下，上帝造了人类，创造了万物，上帝能创造出一块他自己也搬不动的石头吗？可是，女人听到这句话的时候，常常能听到接下来另一句，除了这一件，我什么都答应你。

女人有政策，男人有对策。女人似乎不可能永远拴住男人，女人拴得住男人的腰包，拴不住男人的腰带；女人拴得住男人的情，拴不住男人的欲。"唯一"只不过是琼瑶编织的女人骗女人的童话罢了。

男人翩翩的外表是迷惑女人的资本，其实一回到家里，他挖鼻孔，扣脚趾的陋习，三天不洗澡五天不洗衣服，屋里糟蹋得像狗窝的传统，便还会立即表露出来。俗话说："江山易改，秉性难移。"所以，一个男人为了追得女孩子说这样的谎话时，万不可相信。

"我发誓……"当男人在女人面前碰壁的时候，当男人无奈的时候，他们最后的语言居然惊人的相似，指天发誓。而不定期则是男人骗女人善良天性的一个绝好的幌子。对于男人来说，发誓就像吃饭一样随便、容易；

男人认错，并不是真的认为自己错了。其实，这是他惯用的哄女孩的伎俩。对于女人来说，这是又一次受骗的开始。

……

总而言之，恋爱时，男人时常会为博得女人芳心而说谎。其实，有时有些谎言并没有什么，反而是美丽的，即使女人将其当作真话接受，也不会造成不良后果。

结了婚，男人有时会为了能够得到某些自由而说谎，那些谎言是羞涩的。此时，女人要学会分辨真假，有的权且认为是真话，有的就要断然否定，否则受伤害最大的就是你。

男人最不喜欢说谎的时期是在老年，因为一切谎言都没什么必要了，生活已经没有了激情，人生也走完了大半，谎言好像也已经说尽了。

[救人于 尴尬之地]

从小，父母就教育我们，做人要诚实，不可说谎。但是，在有些场合，"实话实说"却常常会带来一些尴尬的场面，适当的、善意的谎言反而能带来不菲的效果。也就是说，在不伤害他人和自己的前提下，谎言能避免尴尬场面的发生。

[实景再现]

我们知道，孩子往往是最诚实，不会说谎的。但是，如果不分场面都实话实说的话，即使是毫无恶意的真话对于他人来说，也非常具有伤害力。

场景一："阿姨脸上长了好多痘痘。"

国庆时节，小鹏的妈妈带他去参加朋友聚会。遇到一个精心打扮的同事，妈妈对儿子说："快叫阿姨，你看阿姨多漂亮！"没料到，小鹏这时却大声说："妈妈，阿姨脸上有好多痘痘，一点儿也不漂亮！"此话一出，同事顿时满脸通红，场面变得非常尴尬。

场景二："我要杀了奶奶！"

小豆是家里的独子，家里人非常宠爱他，特别是小豆的奶奶，更加宠爱这个孙子，生怕一点照顾不到，他冻着、饿着、累着了。有一次，奶奶见小豆正在费劲地剥花生，立马从他手中拿过花生，要帮小豆剥，小豆不干，非要嚷着自己剥。而小豆奶奶呢？却是是怕孙子伤到手，非要抢过来帮忙。小豆见花生被抢，对着奶奶大吼一声："我杀死你！"此时，小豆的爸爸妈妈刚好下班回来，看到这情景，一时不晓得如何反应。

场景三："你是个大笨蛋！"

周末，在家休息的小张邀请隔壁李太太来家里玩。俩人坐在沙发上聊天，小张的儿子一个人拿着他的飞机模型在客厅里飞来飞去。当他的飞机飞到李太太的脚边时，李太太正想要捡起来给他，谁知小张的儿子却不客气地说："他妈的，你这个大笨蛋，我要把你一脚踢到北冰洋去！"弄得小张和李太太尴尬不已。

小孩子不会伪装自己的内心感受，想到什么就说什么，开心时他会大笑，悲伤时他会哭泣，愤怒时他会选择最有力量的语言来表达自己的感受。因为他是小孩子，人们基本上都不会和一个孩子去计较什么的，尴尬一下就过去了。但是，如果是一个大人呢？一个成人，如此不避讳、口无遮拦，除了会造成场面尴尬，更会让别人记恨在心，甚至会对你进行打击和报复。

这虽然只是孩子的一些行为，但是，却清晰地说明了一个道理：男人说谎有时是为了避免尴尬，是不得已而为之的谎言。

[谎言有时能挽救人于尴尬之地]

俗话说：做人要圆。即宽厚、智慧。人人都喜欢听顺耳的话，人人都喜欢他人恭维自己，即使自己明知道那是谎言，内心也是非常开心的。因为这是人的一种本性，古今中外无数历史人物的言行也都证明了这点。

我们知道，中国人是极爱面子的，如果你让他面子尽失，他能恨你一辈子。有的人面对他人夸赞自己的谎言，表面上嗤之以鼻，自诩能虚心接受批评，实则如果你把批评的矛头对准他，他心中定会对你恼怒不已，往日亲近的感情也会随之降低三分。

男人们也正是懂得了这个道理，所以，在一些必要的场合，他会以说谎的方式来来避免自己和他人陷入尴尬的场面。

其实，说谎也需要勇气。因为谎话一旦说出口，是要付出代价的，如果事态在发展，你就一定要牢牢地记住这个谎话，然后再一步步地用更大的谎去圆它，这种情况比较悲惨，劳神费脑且需要你具备过人的应变能力。

但是，不管怎样，说谎还是不对的，我们要尽量避免说谎。如果真要说谎的话，就应把握一个原则：大谎基本不说，小谎也要分情况的轻重缓急来说。其他诸如那些夸大妈像大姐、赞丑男长得俊之类善意的谎言倒可以多说，也确实能让许多自卑之人喜笑颜开。

04

借口是谎言
的掩饰物

通常情况下，大部分男人撒谎都不是出于害人的目的，而是为了掩饰自己的缺点或是所犯下的错误。因为这些缺点或是错误一旦暴露，可能会让自己处于难堪的位置，面子尽失。所以，他们不会轻易承认自己说谎，一旦谎言不幸被揭穿，他们又会列出一大堆不得不撒谎的理由，且将重点都放在女人身上。只要感动了女人，再大的谎言又能怎么样呢？

辨明他的 "不是故意"

男人可以非常狡猾，可以非常恐怖，也可以非常单纯，可以非常孩子气，但不管是哪一种，几乎都会说这样一句话："我真的不是故意骗你的。"当男人们的谎言被女人揭穿的时候，男人们总会说这句话，或想也不想，或片刻思索，或昏头昏脑，总之，在男人心中，说了这句话，就仿佛已经向女人认了错，并能够让女人停下来听自己的后续解释。另外，这句话还有一个好处，就是不仅给了自己一个台阶，而且还可以为自己或继续编造谎言，或整理思绪等争取时间和机会。

更重要的是，深爱男人的女人们通常都能够很平静的接受这个理由，因为这句话之于谎言不仅可以起到缓冲的效果，还不会让人觉得牵强，或者让人觉得你正在继续编造谎言。

总之，对于缓解男女之间这种欺骗被曝光的场合，"我真的不是故意骗你的"属于温和解释的类型，让女人不忍心怀疑，让女人更容易相信，甚至还能够让深爱男人的傻女人为男人找借口，故常被男人们使用。

[实景再现]

刘冉和王涛是一对相恋两年的情侣，他们感情非常好，彼此心心相惜，非常信任。王涛更是如此，他深爱刘冉，不管什么都依着刘冉的性子，想她之所想，急她之所急。刘冉是一个非常要强的女孩，而且不管是对自己还是对他人都要求非常高。对于爱情，她希望可以找到一见钟情的，并且一生只恋爱一次。每次，当刘冉沉浸在他们幸福生活中的时候，她总会非常开心地说自己的爱情不仅美好，而且还是她最初的梦想。但每当这个时候，王涛的心情却极其复杂，首先，他非常自责，因为自己为了得到刘冉的好感，曾经骗她说自己也是第一次恋爱；另外，他非常庆幸，幸好自己欺骗了刘冉，不然将不可能得到刘冉的爱，而且也不能够好好保护自己深爱的人；除此之外，王涛还会担心自己的谎言是否会被拆穿，虽然他早就已经跟自己以前的女友断绝了所有来往。然而，天不遂人愿，一次同学聚会上，这个事实被刘冉知道了。那天，王涛高兴地带着刘冉参加同学聚会，会上，有个头脑简单的同学竟然将刘冉的名字错喊成了王涛前女友的，王涛很快给予暗示，但那位同学仍然没有将这个"错"圆好。当然，那个同学的确没有说错，但是，这件在别人看来再小不过的事情，在刘冉和王涛心中却犹如重磅炸弹。面对如此混乱的局面，刘冉痛哭流涕，转身就走，而王涛却只能着急，不知道该说如何解释，更不知道该从何说起，只好连连说："我真的不是故意骗你的，不是故意的！"……

当谎言被揭穿的时候，王涛不知道该怎样解释，也不知道该从何解释，但是却可以理清这样的思绪——我真的不是故意骗你的。于是，在面对谎言被揭穿的混乱局面，情急之下的王涛真情流露说出这样的解释。不仅如此，在这样的情况下，这句话也显得如救命稻草，可以起到恰到好处的解释作用，比如说，即使女人并不能马上就冷静下来听你解释，但却可以在思考的时候不会误解男人，因为这样的话语可能完全出自男人的真心；比如说女人在思考的时候，很可能会因为这句话而想要听取对方的解释，因为它基本上没有刻意雕琢的痕迹等。

[我真的不是故意骗你的，温和的借口]

当谎言被揭穿的时候，男人通常都会非常尴尬、紧张，因为谎言的初衷很可能会被完全颠覆，而且这一事件还可能辐射到其他的方面，最重要的是还可能会使对方失去对自己的信任。于是，在这样的情况下，不管是怎么样的男人，通常都会感到非常慌乱。慌乱之时，有些人可能会想到狡辩、抵赖、沉默等，而有些人可能会想到悔改、交代等，其中有令人生厌的，有令人愤懑的，也有可以被人接受的，而"我真的不是故意骗你的"这句话是所有理由中最简单的，而且也是将所有感情色彩融合得当之后所得到的最恰当的理由了。于是，当男人们抓住这个道理以后，通常都会这样说。

一件事情，不管性质是怎样的，造成的结果是怎样的，只要当事人的动机是纯洁的，那么都可能得到对方的谅解。这是一个不争的事实，所以男人们通常用这句话来为自己撒谎的初衷，为自己的人格澄清，而且效果通常也不错。

男人撒谎，并不代表他真的人品恶劣，也不代表他真的有意欺骗，一些男人即使骗了对方，但动机却是单纯的。所以，面对谎言被揭穿的事实，他们心中一定最先冒出这样的理由，当然，此时这句话也就不是一个理由了。

不管因为什么原因，当男人不知道该怎样面对谎言被揭穿事实的时候，他们往往会选择使用这句话。因为这句话可以为他们争取到更多的时间和机会来做解释，做事实陈述，或者编造谎言等。

当谎言被揭穿的时候，女人通常都会非常激动，而这句话就可以起到稳住女人情绪的作用，即使效果不能当即实现，但也是一剂良药。于是，它常被男人们使用。

分析他的"有所苦衷"

"我有不得已的苦衷"，一句多么深情的话语！红尘滚滚，男人与女人之间，爱情与其他事物之间，或许永远都不可能将头绪完全理清。于是，人们爱得仿佛都那么辛苦，比如说有苦衷的爱情，比如有苦衷的欺骗。爱情伤人，受伤人伤害爱情，于是产生了欺骗，或出自不得以，或出自不忠诚。但是，人们都知道爱情的苦，于是女人们仿佛都能够很容易接受这样的圆谎说辞，正所谓"同是天涯沦落人"，不管心中如何难过，女人们也还是愿意、勇于接受这样的理由或者借口。于是，当男人的谎言被揭穿的时候，他们纷纷说着自己的苦衷，为了能够让女人原谅自己；他们极力抓住女人这样的心理而言不由衷编造苦衷，只要能够达到自己的目的。

女人都是善良的，都是软心肠的，所以不论心中有多么痛苦，只要听到男人"苦衷"二字，不仅勇于原谅男人，甚至还会反过来心疼欺骗他的男人。这种让人感动的事情，这种可以扭转乾坤的效用，就常常成为男人为自己的谎言寻找圆谎说辞时候的绝好依赖。

[实景再现]

王鹏与李倩是一对深爱彼此的情侣，他们相恋多年，但却一直分分合合。然而虽然如此，他们的感情却越来越深，而且李倩的态度越来越坚定。于是，27岁的李倩在生日约会时含蓄地向王鹏提出了结婚的想法。谁料，一向聪明的王鹏对此竟然一点也"悟不透"，只是殷勤地为李倩夹菜、递纸巾等。但是，王鹏的深情款款，仿佛就是默认。看在眼里的李倩高兴极了，两人度过了一个终生难忘的生日。

生日结束以后，王鹏却一下子消失了。惊慌失措的李倩想尽一切方法都没能将他找出来，不久之后，她收到了一封分手信，信中言辞决绝，完全不像王鹏平日的作风。尽管如此，李倩继续寻找王鹏，而且更多了一份坚定。看着痛苦的李倩，王鹏也非常痛苦，然而他不能让李倩知道自己不能与其结婚，是因为他不能够伤害到自己深爱的女人，是因为他的父亲有先天性心脏病，是因为他的大哥也已被诊断患有这样的病。王鹏不知道自己的生命还有多久，他怎能容忍让李倩在爱上一个男人后，然后又突然失去。左思右想，深爱李倩的王鹏狠狠心导演了一场误解计。一天，消失了几天的王鹏终于回家了，但是却带回来了另外一个女人。这个女人的贤惠超过李倩，漂亮更是将李倩比成了一只丑小鸭，而且与王鹏之间暧昧的言行举止更是划破了李倩的心。李倩心痛了，什么也没有说，独自一人静静地离去。此时，王鹏更加痛苦，看着李倩伤心的背影，他只能够一遍一遍向远去的她告白："亲爱的，请原谅，我真的有苦衷。"

爱情是没有逻辑可循的，所以人们之间经常会做出许多"奇怪"的事情。其中，有很多被当事人称作"苦衷"的东西。其实，这种苦衷也只是当事人自认为的苦衷，对方很可能并不认为这个原因可以成为说谎的理由。

故事中，王鹏因为深爱李倩，所以做出了"爱"李倩的举动——撒了伤害李倩的弥天大谎。虽然说，这个原因并不能够成为拒绝结婚的理由，也不能够成为可以撒谎的原因，因为真爱是可以超越这些的。但是，一千个人就有一千个哈姆雷特，所以，王鹏做出了自己的理解。他为自己找了一个撒谎的苦衷，也为自己的爱情找到了一个撒谎的苦衷。

或许，男人们的苦衷都是在这样的心理下炮制而成的，毕竟撒谎并不是男人们骨子里就心甘情愿的。其实，"苦衷"也只是男人们为自己的自私、胆小、懦弱而找的借口。然而，它却永远地成为了解释谎言的理由。

[我有不得已的苦衷，让人心疼的借口]

"我有不得已的苦衷"，是一句让人感到非常心疼的借口。虽然说谎言是令人厌恶的，但沉浸在爱情中的女人们的善良和善解人意使人通常更容易忘记这些，因为只要听到"苦衷"二字，她们总会更加担心自己深爱的男人是否可以承受这样的苦痛，并且转而体谅、疼爱已经伤害到了自己的男人，不再追究什么。所以，男人们经常为自己的谎言而寻找这样的借口。

苦衷是一个让人感到痛苦的事情，尤其是当事人。因此，当一个男人用这样的借口来解释自己的谎言的时候，女人通常都会选择原谅。

苦衷不仅是一个让当事人痛苦的事情，而且更是一个考验当事人勇气的事情，面对爱，一个男人才会将痛苦对女人隐瞒起来，这是一种爱的表现，深受女人们的珍惜。所以，为了感动女人，进而得到女人的原谅，男人通常也会为自己找"苦衷式"的借口。

另外，当被男人欺骗的时候，女人们通常会有强烈的应激反应，为了让气愤的女人们冷静下来，听取自己的解释，男人有时候会先用这样的话来做解释。

"我有不得已的苦衷"，让人心疼的借口，疼了两个人，疼了一段情。

是善意的好
还是伤害

　　爱是最伟大的，因为它最懂得为对方付出，所以人们纷纷感动于爱情，尤其是女人，她们心甘情愿为男人付出，而当收到男人们的付出的时候，比如说对女人好，女人们通常是最幸福，当然也是最迷糊的时候，正所谓"爱到痴狂"。

　　爱的形式有很多种，酸甜苦辣咸皆有，所以人们纷纷感兴趣于爱情，尤其是女人。于是，得到男人的酸甜可口的爱，女人知道男人在对自己好；得到男人咸辣苦口的爱，女人也认为是男人在对自己好。

　　当一个男人伤害到了女人，他们通常会为自己找借口说："我其实都是为了你好。"而女人常常都会选择相信。因此，当男人伤害到了女人的时候，他们通常喜欢说"其实都是为了你好"。

[实景再现]

　　李天和黄菊是一对夫妻，两人结婚6年，育有一子。本来是非常幸福的家庭，但随着时间的流逝，甜蜜的爱也在慢慢消失，生活越来越乏味，仿佛应了"婚姻是爱情的坟墓"这句话，也应了"结婚七年之痒"的咒语。看着自己的妻子越来越像一个家庭妇女，不梳妆，狼吞虎咽，不与自己说爱等，李天便感到无味和痛苦。于是，李天开始不愿回家，总是深夜才归。但是每当回家的时候，李天心中又会非常愧疚，虽然妻子越来越没有情调，但却是一个称职的妻子，常常将家打理得一尘不染，将孩子照顾得健康优秀。一次，李天又回家晚了，看着熟睡的妻子一脸疲惫不堪的样子，心中感到万分愧疚，并暗暗下决心"再也不这样下去了"，因为他知道，对于他的所作所为，天性敏感的妻子虽然嘴上不说，但心中一定非常伤心。正当这时，妻子突然醒了，看着已经凌晨3点却还没有换衣换鞋的丈夫，她竟然什么也没有说，甚至表情都没有发生一丝变化，仿佛无一点因犯错的丈夫伤心痛苦甚至怨恨的情绪。霎时，李天震惊了：难道妻子真的将自己视为无物？于是不甘心的李天将妻子推醒，问她为什么不问自己为何现在才回来。谁料黄菊只是面无表情地将问话重复了一遍，这犹如一盆凉水，瞬间扑灭了李天承认错误的想法，最终摇摇头，无趣地继续撒谎说："工作忙。"听到这样的话，黄菊一下子变得清醒了许多，她硬逼着李天不放，而李天已经没有心力回答了，碍于妻子的询问，只好一遍遍借口说："哦，不是，其实都是为了你好，不想回家烦你……"

面对女人的质问，如果男人不愿意回答，他通常会说："其实都是为了你好。"就如李天，这只是他们的一个借口，只是一个他们认为能够反客为主的可安抚黄菊心理的借口。在李天心中，黄菊通情达理，他知道黄菊一定会相信自己的话，知道黄菊即使不相信也会因为对自己的爱就此罢休，而自己隐瞒的其实也没有什么……这其实是一个残忍并夹带着一丝无奈的借口。

当然，男人们说这样的借口，并不一定出自无奈，大多数情况下，他们都是为了隐瞒自己的小想法，为了为自己省麻烦。这样的借口，其实非常低劣，完全不能够瞒得过敏感、聪明的女人们。对此，很多男人心中非常清楚，而女人们也常常是心中透如明镜，但是女人们即使很痛，也宁愿相信，这就更加强了男人们使用这样借口的想法、信心和依赖心理。

［我其实都是为了你好，“愿打愿挨”的借口］

男人们并不都爱撒谎，但是一旦撒谎，通常都会坚定地将谎言进行到底。于是，当男人的谎言被揭穿的时候，他们总会为自己找一些看似非常恰当的理由，比如说："我其实都是为了你好。"因为，在男人看来，这样的谎言听起来理由非常正当，即使再大的谎言也应该得到女人们的原谅。

不仅如此，"我其实都是为了你好"还是一句非常煽情的话语。通常情况下，当男人一说出这句话的时候，就能够激发自己瞬间想出许多与圆谎相关的并且让人感觉非常正当的理由。故此，这句话通常能够起到不错的圆谎的效果。另外，这句话还是一句非常能感动人的话，有些时候可能没有感动到女人却已经将男人们感动。所以，男人在圆谎的时候，总是喜欢使用这句借口。

其实，男人们虽然常常说谎，但是他们所说的谎言大多数也并非都出于恶意，而且，其中一部分谎言的出发点还可能是善意的，也就是说，男人们撒谎通常仅仅是为了隐瞒一些自己不愿意说的心里话，为了达到自己的小目的，或者只是因为不知道该说什么又拗不过心思细腻的女人的要求等。于是，他们就随便选一句话来敷衍，而这句话是一个不错的选择，于是入选男人圆谎行列。

除此之外，男人说这句话的另外一个原因还在于女人。女人通常都是非常善解人意的，更是心甘情愿被甜言蜜语收买的人。面对这句话，女人们常常都能够极其敏感地分清出真假，但是傻傻的女人却愿意将其统统看作真言，甚至固执地相信它是真的。由此，也就成就了男人们的这句谎言。

他的心思其实也可以很细腻

人们常说女人心思细腻，男人大大咧咧。其实不然，这只是一种表面现象。很多时候，男人们的心思更加细腻，能够考虑得更多，考虑得更加长远、深刻。比如，当一个男人为自己深爱的女人着想的时候，通常会将所有可能会威胁到她快乐幸福的问题都考虑在内，并且他们会坚持将这些威胁全部消灭殆尽。但是当一个成熟男人默默完成这些的时候却并不想要将这些事情说出来，而是埋在心中，即使当你问起的时候，如果他不愿意说，一定会向你撒谎。其实，很多男人很多时候撒谎真的只是害怕自己心爱的女人受到伤害。

当然，当男人们说这句话的时候，也并不全是因为爱女人。很多时候，他们说这些话也只是为了达到自己的目的，隐藏自己的心愿而已。比如当男人做了一件很可能会伤害到女人感情的事情，或者说可能会让女人胡思乱想等，他们就会说一系列的谎言。而当这些谎言不能够安抚女人，或者说是已经伤害到女人的时候，他们就会借口说："我害怕你受到伤害。"仿佛说了这句话就可以将自己所造成的所有伤害都灌上正当的理由。

[实景再现]

张泽和赵静是一对非常相爱的情侣。然而，他们之外，却还有另外一个女孩。这个女孩是张泽的朋友，她深爱着张泽，并且一心一意，甚至对张泽的感情比赵静还要早开始好几年。但爱情并不能因为先来后到的原因而有所改变，更何况女孩对张泽的感情也只是小女生的暗恋。一天，当张泽向女孩宣布自己有女朋友了的时候，女孩的情绪爆发了，不能够接受的她声嘶力竭地向张泽控诉，并且扬言要向张泽的女朋友宣布自己的存在。虽然这并不能够说明什么，但张泽还是非常担心，毕竟这是自己多年的朋友，而且有些东西一说就乱。于是，在女孩纠缠数天后，张泽同意陪她旅游一天作为所谓的补偿。然而，当怀着同情心的张泽赴约的时候，女孩竟然时时刻刻以男女朋友称呼，这让张泽非常不愉快，当即停下与女孩做解释。张泽非常诚恳、直接地表明了自己的立场和态度。女孩因不能接受，一气之下选择了跳崖，幸好被张泽及时拉住，为此，张泽的胳膊被山崖边的石块狠狠划伤。这时，女孩终于放弃了，但张泽胳膊上的伤口却不能够即刻痊愈。回到家后，赵静就担心地问个不停。张泽心里很开心，但却不能说出来，因为他担心赵静会胡思乱想，于是一边心有愧疚地说着"亲爱的，我是怕你受伤"，一边非常镇静地撒谎说是因为自己不小心而被树枝划伤。

当男人撒谎的时候，他的借口通常都已经随即而生。他们总是用这些理由安慰自己，也奢望这些理由可以得到女人的认可。就像张泽，当自己说谎的时候，理由已经想好了。这样的说辞不仅可以安慰自己愧疚的心理，而且一旦被女友拆穿也不用慌张。所以说，谎言并不一定会是恶意的，就如张泽的难言之隐。

很多时候，男人都是非常伟大的，尤其当他真正爱上一个女人的时候。当一个男人深爱一个女人的时候，他所做的许多事情、所说的许多话都会伴着浓浓的爱。比如张泽因为爱赵静而赴女孩的约会，比如张泽因为担心赵静会受到伤害，怕赵静会胡思乱想而编造谎言等。从这个故事中，我们可以非常容易地看出张泽心中也是不安的，但为了保护自己深爱的人，他宁愿撒谎冒险。这就是男人，为了达到自己的目的，为了自己心安而总会先为自己找到一个说服自己的理由做借口。

[只是因为怕你受到伤害，深情款款的借口]

"只是因为怕你受到伤害"，是许多男人经常说的话。因为这句话可以让他们当即解除尴尬。"怕你受到伤害"是一句无限深情的借口，它不仅可以安抚人心，让人安心听下去，还可以让人产生浓厚的兴趣，同时也有利于男人们将谈话进行下去。故此，它常被男人们运用。

"只因为怕你受到伤害"，是一句非常不错的圆谎话语。因为，面对紧张的问题，若能说出这句话，整个人都会显得非常镇静，它直入正题，毫不逃避，毫不畏惧，而且它是女人们非常喜欢的男人们承认错误的态度。另外，这句话还有一种让人听而生畏、不得不信的威力，这对于女人来说非常有征服力，因为女人通常都喜欢带有一些霸气的男人。不仅如此，这也非常符合男性直入正题，不善拐弯抹角的性格，所以，这句话常常被男人们使用。

当然，这句话之所以被男人们喜爱，还因为它是一句非常好的开头语。当男人们说这句话的时候，他们自己总会情不自禁地被感动、被感染，从而更有利于自己接下来的"发挥"。

"怕你受伤"，不管怎么听都不像假话，而是一句充满浓浓爱意的话语，通常也都能够有充足的理由做支撑。不仅如此，这句话还有极好的口碑，因为这句话一般都发自肺腑，而且意义深刻。故此，常是男人们使用或盗用的借口。

总之，男人撒谎不一定是为了欺骗女人，也不一定自己心中就非常舒畅，他们通常用这句话安慰自己，为自己打气。当一个深爱女人的好男人向自己的女人撒谎的时候，他完全是出自善意。

男人自以为是的浪漫

　　爱是什么，很多人口口声声地说爱，但却不知道什么是爱，很多人仿佛知道了什么是爱，但也只是自己一人之见。所以，"爱"成了哈姆雷特式的概念。于是，男人们通常都非常喜欢打着爱的借口撒谎，并且在谎言被拆穿的时候也会毫不脸红地说是因为爱，而女人由于耳根软，善良单纯、浪漫痴情，因而当自己深爱的男人说"撒谎只是出于爱你的心理"的时候，她们常常泪流满面、深信不疑。

　　源于爱，撒谎的"初衷"首先就被镶上了美好的标签，动机纯良，再大的错也可能会得到原谅；第二，过程辛苦，女人常常不舍得男人如此，更感激男人这样，于是"不舍"和"感激"两种强烈的感情瞬间将女人冲昏；第三，开放式的问题总是可以变得正当，所谓"什么样的理解就有什么样的行动""爱可以有千万种"等。由此看来，"爱"仿佛是一张免死金牌，只要是爱，只要跟爱挂钩，女人们总会原谅"可恨"的男人。

[实景再现]

　　李良和徐蕊是一对苦命鸳鸯。虽然两人相爱，但两个人的家庭却坚决反对，而且毫无商谈的余地。于是，经过痛苦的挣扎后，两人冒着与家庭断绝血缘关系的危险纷纷离开了家。李良家庭非常富有，从小没有做过什么家务，更不曾做过什么重活，但是为了爱，没有一点经济基础的他在外面兼职工作，还学会了做饭、走线，甚至还学会缝补衣服。徐蕊是一个非常单纯的女孩，从小被几个哥哥疼爱、呵护，就像一个小公主。但是为了爱，她学会了一个人深夜守家，她坚强地在刺骨的凉水中清洗两个人的衣物。李良和徐蕊本来可以享受着快乐的家庭生活，但是为了爱，他们不能再贪玩，不能再任性，不能再无忧无虑，更不能再随心所欲，可是他们相约不后悔，他们始终坚持着两个人建立起来的小幸福，一心憧憬着美好的未来。然而，时间可以改变一切，现实不像人想象的那么美好，每次看着徐蕊害怕的在家等待，每次看到徐蕊想吃好东西但不得不忍耐，每次看到徐蕊为了洗衣服而将手冻坏……李良就心痛。他已经非常努力，他还要继续下去，但是他不能够让徐蕊陪着自己受苦，于是李良趁着安排徐蕊去远处买东西的空当留书离开了。临走前，他将一切结账，并为徐蕊打了包，甚至还通知了徐蕊的父母。可这不是徐蕊要的，看到空空的小家，"上当"的徐蕊发疯了，尝试了所有的方式，依然没有寻找到她要的，只最终收到一条残忍的短信：只因爱你，只因爱你的心理。

爱有时候非常深奥，就如李良苦心安排徐蕊到远处买东西，然后处理一切，冒着被爱人痛恨的危险毅然离开；爱有时候非常简单，就如李良为了让徐蕊生活得更好，而痛苦离开。

撒谎是为了爱，圆谎是为了爱，当一切与爱相关，仿佛都变得不可以用正常思维理解。所以，当一个男人深爱一个女人的时候，通常会变得爱撒谎，通常会变得神经过敏。正因为此，他们才会显得无所适从，从而常常做出一些"错"事。而当犯了撒谎错事的时候，只能以不知道该怎样表达的爱的名义来解脱。

撒谎出于爱，是一件让人觉得非常浪漫、非常伟大的事情，所以当男人被逼圆谎的时候，总是一厢情愿地认为自己犯错是因为爱，而女人通常也因此而不再追究什么。故此，男人就更加喜欢将自己的错误都统统放于爱的名下。

[只是因为爱你，左右逢源的借口]

"撒谎只是出于爱你的心理"是一句让人觉得心疼的借口，于是当听到男人说这句话的时候，女人通常都会非常舍不得，甚至会产生自责的心理，男人便往往会因祸得福。所以，男人们通常都非常喜欢说这句话。

男人其实都是自以为浪漫的人，于是当他们审视自己所做的事情的时候，通常都会将其灌以爱的头衔。

男人是非常性情的人，要么深爱，要么一点不爱，于是，当他爱一个女人的时候通常情况下就是痴情的爱。所以，男人撒谎很可能真的是因为爱。

当然，当男人们说因为爱而撒谎的时候，并不排除想要浑水摸鱼的想法。因为"只是因为爱"是一个左右逢源的借口，爱可以无限延伸，爱可以有多种方式，爱可以是酸甜，也可以苦辣，撒谎当然可以是因为爱，即使你认为它并不是爱。更让人可恨可气又可笑的是，即使你认为它并不是因为爱，但却想尽任何办法也始终无法将其驳倒。所以，当男人说这样的理由或者借口的时候，女人总会相信，不管这"相信"是发生在当即，还是发生在日后。因此，男人们酷爱这样的借口。

有的时候，男人非常像小孩子，只要因为爱，他们常常会义无反顾，甚至惹怒女人也在所不惜。于是，女人听到这样的借口的时候，通常都会莫名生出一种怜爱的感情，从而不忍心再追究什么。这应该也是一个男人喜欢以此借口为自己进行辩解的原因。

撒谎，因为爱，其实通常都是冠冕堂皇的，然而，女人都愿意相信，所以，男人经常这样为自己辩解。

信手拈来的
圆谎之词

有人说："男人是惯性撒谎的动物，在这个世界上，没有不撒谎的男人，只有不懂撒谎的男人。"事实的确如此，其实，男人的谎言有许多种，为的都是达到不同的目的。譬如：男人正与一帮朋友喝酒聊天，当女友打来电话时，却偷偷躲进厕所说自己还在加班；明明与旧女友藕断丝连，却还义正言辞地对现女友说自己和旧女友早已一刀两断；明明遇到了初恋情人，并一起吃了饭，却在女友问及时说和他一起吃饭的人是一位男性老同学。总之，他们常常会为自己找出借口。

[实景再现]

张婷和李磊结婚后，感情一直都很好，张婷是一个沉醉在爱情中的小女人，但就在她生日的前几天，梦全被打碎了。不知从什么时候开始，张婷发现李磊每天下班很晚才回来，回来后总是什么也不管，躺下就睡，于是，张婷就询问李磊究竟怎么回事，李磊则漫不经心地说："公司的事务太多，常常要加班。"一开始，张婷相信李磊的话，也就没在意那么多，但一段时间后，她无意中发现了李磊手机里一名女子发来的短信，话语也很暧昧。于是，张婷当即询问李磊，李磊见事情败露，便说了出来，原来，每天晚上以加班为由的他是在与另外一个女人约会。张婷问李磊为什么要撒谎，李磊则有理地说："我不是怕你知道后生气吗？"

　　故事中的李磊总拿加班来当挡箭牌，一旦其中的端倪被发现后，又找借口来弥补自己的谎言，这是一种习惯。生活中，很多人都会找不同的借口来掩饰自己的谎言，尤其是男人，恋爱中，每当男人欺骗了自己深爱的女人，就常会找出借口来圆自己的谎言，为自己找一个台阶下。

["我不是怕你生气吗"，仅是为了圆谎]

　　1959年，社会心理学家费斯廷格与卡尔·史密斯共同做了一个实验。在测试前半小时内，被测试者被要求将一些线轴放入一个箱子里，后半小时内，被测试者又被要求将一些钉子放在一块木板旁。一小时后，这个无聊而重复的任务结束了，实验人员请被测试者帮忙，告诉那些即将参加实验的人们"这个任务特别有趣"，并且还有1美元酬劳。于是，被测试者都违心地宣称：这个实验很有趣。之后，实验人员故意安排被测试者遭遇另一被测试者，并让他得知，另一被测试者的酬劳是20美元。令人惊讶的是，两位测试者私下争论的结果非常有趣：有1美元酬劳的被测试者认为该实验很有意义，而有20美元酬劳的被测试者却认为该任务很无聊。面对此结果，心理学家解释说："不管是什么事情，人们都需要给自己一个交代，因而才会产生这样的结果。前者为了区区1美元撒谎，而后者觉得自己撒谎，是为了20美元。所以说，前者的内心需要更多的借口为自己开脱，于是，他更加倾向于实验的重要性和贡献。

　　从这个撒谎心理实验中可以得知，人们往往会为了减少内疚而为自己的过失找借口，已达到内心的平衡。在爱情上，男人对女人撒谎，也总是为此找一个借口，以减少自己心中的内疚。

男人爱为自己的谎言找借口，他们用谎言对付女人的最佳借口是"我不是怕你生气吗？"当女人在下班时间为自己心爱的男人熬一杯绿豆糖水等他下班回来喝，倘若此时男人没有按时回家，女人给他打电话，他一定会说今天加班，要晚点回来，其实，此时的他正和一群朋友在外喝酒玩乐，几个小时后，女人再打电话，便是无人接听，但过一会儿他也会回电话，说"自己刚在开会，不方便接"之类的借口，并且还说很快就会回来。他们口中所说的很快往往都是几个小时，当女人趴在桌上快睡着时，男人一身酒气地回来了，这时，他又会解释说：下班太累，就去路边摊喝了一小杯，边说还边露出无奈的样子，看到自己的男人如此样子，女人就会非常心疼，认为他为了养家在外拼死拼活，很不容易，自己又帮不上什么忙，便会内疚地去为男人把已经冷了很久的糖水再热一热。但到最后却发现，男人口中的"加班"只是一个谎言，若此时对其进行询问，他们往往会说"我不是怕你生气吗？"之类的话，这便是他们为自己谎言所找的借口，他们仅仅是想要让自己得以开脱。

"我不是怕你生气吗？"之类的借口往往是男女感情里的大规模杀伤性武器，乍一听，女人总会觉得男人是在为她们着想，但其实这根本就是一个随口编的幌子。要知道，男人若是撒谎，一旦被发现，就会想方设法地去为其找一个借口。

是善意还是恶意，这很重要

你曾经撒过谎吗？或许绝大多数男人都会毫不犹豫地回答："我不喜欢撒谎，也从不撒谎。"然而，英国的一项调查却会使你大吃一惊。英国伏特加公司WKD调查结果表明，在人的一生中，平均说了八万八千句谎言，其中，最易脱口而出的一句谎言就是："没关系，我很好！"与此同时，它还发现，与女人相比，男性更容易"出口成谎"，如果女人平均每天说谎三次的话，男人则会说谎五次。

看到以上这些，或许我们再也无法否认自己从不说谎了，但对于男人而言，诸多时候他们所撒的谎是善意的，以不伤害彼此感情为原则，以不让女友担心为目的。

[实景再现]

小阳是一名出色的飞行员，一天，他带着女友一起在空中观赏美景。不幸的是，飞机在沙漠里遇到沙尘暴而被迫降落，但它已经严重损毁，无法重新起飞，与此同时，通讯设备也均被损坏，与外界的通讯联络中断，为此，女友深深地陷入绝望之中。

这时，小阳若无其事地说道："不要惊慌，我不仅是一名优秀的飞行员，还是一名杰出的飞机设计师，只要我们齐心协力，就能修好飞机。"这句话犹如一针定心剂，稳定了女友的情绪，于是，他们便共同与风沙困难作斗争。

十几天悄然而逝，但飞机依然没有修好，却有一队往返沙漠的商人途径这里，热情地搭救了他们。这时，女友才深深地意识到，小阳根本不是什么飞机设计师，只是一名飞行员而已，于是，她不管三七二十一地冲小阳嚷道："我的命都快要保不住了，你居然还忍心欺骗我？"小阳不紧不慢地回答道："我不是怕你担心吗？假如我当时不撒谎，你还能活到现在吗？"

由此可知，善意的谎言不仅是生活的希望，还是沙漠中的绿洲，有时，它甚至改变着一个人的生命轨道。在这个故事中，男孩的谎言具有神奇的力量，它不但为女友驱走心中的担心与不安，还促使其为了心中的梦想而绝不放弃。

一生中，每个男人均会撒不计其数的谎，除了小时候犯错时害怕挨爸爸妈妈的打而撒谎，更多的谎言则是与爱情有关。在拒绝某个女孩的求爱时，他会含蓄地撒谎道："对不起，我已经拥有心仪的对象了。"而不忍心直言相告："你并不是我喜欢的那种人。"当与某个女孩分手时，他会婉转地撒谎道："我们两个人的性格并不适合走在一起，还是做朋友为好！"而不会直言不讳地说道："我已经另有所爱，不再爱你了。"……他之所以对她撒谎，只是出于一种爱护。尽管当时对她的内心造成了很大的伤害，但当她得知真相之后，就会有所感动。

[男人善意的谎言，女人需接受]

有些时候，男人撒谎，不仅仅是一种隐瞒，更多的则是为了让婚姻少一些麻烦或是让爱情更加完美。聪明的女人不会将男人所有的谎言都理解为欺骗或者背叛，她们清楚地知道，相信男人善意的谎言要比自寻烦恼来得更明智。

爱情之路千万里，要想顺利走过去，就需要勇敢和智慧。作为女人，在面对男人的谎言时，首先应学会区分善意的谎言。要知道，不是所有的谎言都等于欺骗，有时候，男人的目的很简单，只是为了博你一笑，为了让你开心。不管你心里是否真的感到高兴，他撒谎的目的仅仅是为了让你高兴。所以说，面对真爱自己的男人，女人一定要接受他善意的谎言。

男人与女人，真实与谎言，这些都是生活中的一部分。聪明女人往往是那些会生活的人，她们一定懂得什么是男人善意的谎言，什么是恶意的谎言，并且会将这些谎言处理得当，既为男人保留面子，又让自己认清事实的真相。

05

谎言背后的
实质意义

谎言虽然会给人带来不同程度的内疚感，但不可否认的是，谎言很多时候也扮演着润滑剂的角色。为了避免一些不必要的麻烦，说谎几乎会成为每个男人的选择。那么，哪些谎言被用的几率是最大的呢？男人所钟情的谎言又有哪些呢？本章就归纳总强出了一些最常见的谎言，帮助读者了解其背后的实质意义。

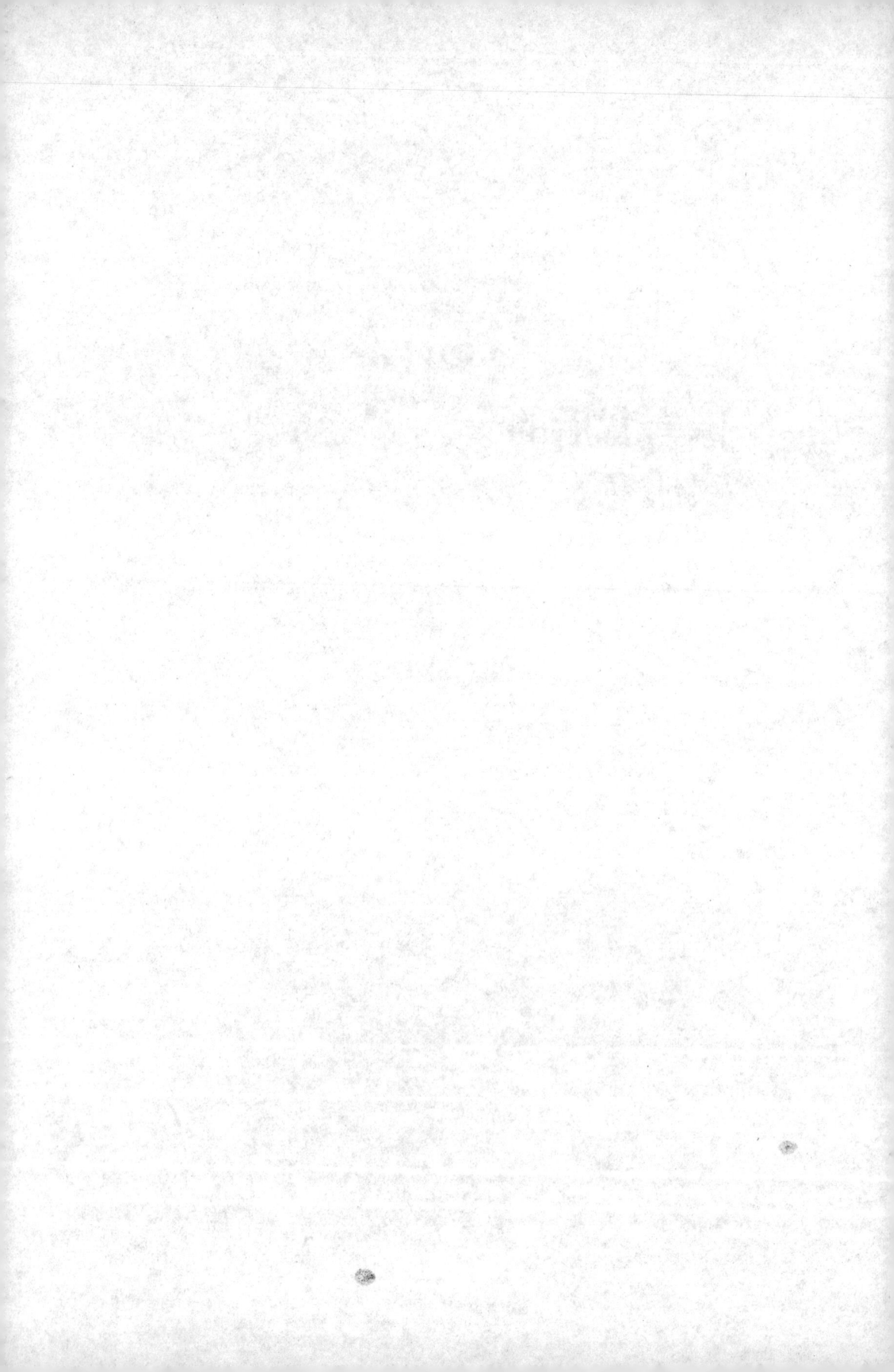

转身就忘的
口头承诺

男人啊，对着女人总有说不完的甜言蜜语；女人啊，总是希望男人说出许多的甜言蜜语。尽管男人说过的甜言蜜语只有女人记得，尽管男人早已把说过的甜言蜜语抛到九霄云外，尽管男人或许已不记得曾经有一个你……

[实景再现]

彩早已为人妻，为人母，在她的朋友丽看来，她可算是一个幸福的小女人。可是有一天，彩却很沮丧地跑来告诉丽，她要跟丈夫离婚。

丽一下蒙了：彩脑子是否有毛病？彩摇摇头，声泪俱下地给丽讲起了她心里隐藏着的起伏不平的故事。

一直以来，彩都是一心一意地爱着她的丈夫和儿子，这样的生活平淡且真实。

突然有一天，一位男士出现在彩的世界里，风平浪静的生活泛起了阵阵涟漪，这风浪足以把整个家庭搅得天翻地覆。

明明知道彩有家庭，可男士依然优雅地说他一直都喜欢彩，让彩相信他，他永远都不会骗她。一番表白之后，那个男士对彩展开了一番猛烈的攻势。一天到晚，短信一百多条，电话十几个。男士还猜准了彩出门、回家的时候，用自己新买的车子殷勤地接送彩。

彩一时间心烦意乱，脑子里全是男士和丈夫两个人的影子。彩在心里无数次把他们进行了对比，毫不质疑地认为这位男士才是她真正喜欢的，才是她理想的爱人。男士幽默，风趣，对她更是体贴入微；而丈夫木讷，呆板，一点生活情趣都没有。

于是，彩想到了离婚，想要重新去追求自己的幸福。周围的每一个人都为她捏了一把汗，毕竟彩这样做是以舍弃一个家庭为代价的。

可是彩早已执迷不悟，深深地陷了进去，脑子里面装的都是那个男士的甜言蜜语。一闭上眼睛，想起的就是那个男士的万般柔情，彩的心彻底被他征服了。彩告诉丽，那个男士让她心动，她从来都没有过这样强烈的感觉。看到彩这样如痴如醉，其他人还能说什么呢？只有深深地为她祝福了。

经历了一番周折，彩终于离婚了，一个美满和睦的家庭就这样支离破碎了。丈夫叹气，儿子大哭，彩心痛。可是她已经顾不得这么多了，她明明看见幸福又在向她招手。

出乎意料的是，彩和男士结婚三个星期之后，就哭哭啼啼地离开了他。

满脸愁容的彩又来到丽的屋子，痛不欲生地向丽倾诉着她的不幸。

原来这个男士是一个花花公子，男士对彩的热情也如昙花一现。男士的脾气十分古怪、孤僻。刚开始，男士对彩百依百顺，后来，男士动不动就出手打她。彩实在受不了，无奈之下，他们只好协议离婚了。

男人啊……女人要的真的不多，她们会因为你的一句甜言蜜语而无怨无悔地跟着你受苦受难，不求繁华，不为名利，你平时的几句好话就能让她高兴很长时间。

生活中，我们会发现，当女人发现男人情感出轨并进行对质时，男人通常会说"那只是逢场作戏，最爱或只爱的人是你"。因为男人清楚谁是他能够得到的，谁是他得不到的，他能够用甜言蜜语哄住得不到的，也能够用甜言蜜语哄住能得到的，一箭双雕或几雕对说谎成瘾的男人来说轻而易举。

所以，女人一定要经得起谎言，受得起敷衍，忍得住欺骗，忘得了诺言，宁愿相信世界上有鬼，也不要相信男人那张嘴！

［男人说谎是为了赢得女人的芳心］

女人常说："宁可相信世上有鬼，也不要相信男人的那张嘴。"尽管这句话听起来有些刺耳，但绝大多数男人却不得不承认这一事实。在这个世界上，几乎没有几个男人从未说过谎，说谎似乎已成为男人与生俱来的天性。男人经常这样说道："相信我，我永远都不会骗你的。"殊不知，在说此话的时候，他已经撒下了一个弥天大谎。谁能保证自己在一生中不撒谎骗人呢？男人只不过想以这种信誓旦旦的言语来赢得女人的芳心，进而获得其好感与信任。

在某些境遇下，说谎是一种礼貌，而接受谎言更是一种礼貌。聪明的女人均知道，男人在何时说谎，而自己又该在何种情况下佯装不知。与之相反，女人的聪明又使男人在无形中掌握越来越高超的编造谎言之技巧，而女人在欣然接受这种技巧的同时能够悠然自得，毕竟谎言不仅使人感到很舒服，还是一个不错的心理安慰。

有些时候，男人的谎言犹如中药，尽管吃在口中是苦涩的，但却能药到病除。女人时常喜欢沉浸在远离现实的虚幻之中，而男人的谎言就是助其圆梦的快速特效药。当一个胖女人向男人问道"我穿旗袍漂不漂亮"时，男人则会点着头说道："不错，它很适合你。"当看到女友费尽心思地为自己挑选颜色过时的领带时，男人依然会欣喜若狂地戴上，并表现出十二万分的赞赏……因此，女人有时是没有理由谴责男人说谎的，毕竟在诸多情况下，男人的谎言只是为了赢得女人的芳心，而女人也会由于此种谎言而美丽、而自信。

投其所好，战无不胜

男人为什么喜欢说甜言蜜语呢？唯一的解释就是：女人爱听。对于一个女人来说，男人可以不送她玫瑰花，但必须说她长得漂亮；可以不给她钻戒，但必须说她今天的这身打扮很性感……男人的甜言蜜语就像阳光、空气和水一样，是女人维持生命的第四种要素。大诗人拜伦曾经说："女人仅靠甜言蜜语便可以活下去。"男人最聪明的地方就是会说甜言蜜语。

女人是这个世界上立场最不坚定的动物，男人不必用其他武器，仅用几句甜言蜜语就足以俘获她的心。因此，有经验的男人都说：甜言蜜语，战无不胜。

[实景再现]

1. 李女士说，她跟男友经过一段热恋，准备登记结婚时，她还有点怕男友会欺骗自己，便问男友是否跟其他女孩子谈过恋爱。当时，男友紧紧地抱住她，俯在她耳朵边小声地说："你还不放心？亲爱的，放心吧，你是我今生的最初，也是我最后的爱人。在我心中，你永远是最美的。"那一刻，真的很幸福，哪怕他是一个一无是处的男人，自己也认了。

2. 王女士说，在婚礼上，丈夫给她戴新婚戒指时说："在我心中，你永远是最美的。爱你不用太久，一生一世就足够。"她以为，这话听似小气，却可看出一个男人对一个女人呵护到了极致。所以，她当时真是幸福极了，激动得泪光盈盈。

3. 李刚和妻子在一次邂逅中相识，两人一见钟情，很快就举行了婚礼。

新婚燕尔，小夫妻俩如胶似漆，每天早晨上班前，总忘不了吻别，每晚下班回来，李刚要做的第一件事就是到厨房亲吻正忙于做饭的妻子。不管妻子是否汗流浃背，也不论厨房里是否烟雾弥漫，时间一久，这种带有浪漫色彩的表达方式变成了双方都不可缺少的一种需要了。

一次，李刚带了几个朋友回家吃晚饭，妻子在厨房里做菜。最后一道菜端上来了，却迟迟不见女主人入席。李刚到厨房一看，妻子正一脸委屈地在抹灶台。李刚一拍脑袋，想起自己忙于接待客人竟忘了亲吻娇妻，便上前补给妻子一个有力的吻，说："宝贝，对不起，只顾着招呼客人了，其实在我心中你才是最重的，你永远是最美的！"

妻子满肚委屈被吻得烟消云散，马上带着灿烂的微笑来到客人中间。

女人一个致命的弱点就是经不起男人的诱惑，尤其是甜言蜜语的诱惑。男人正是抓住了女人这个弱点，以甜言蜜语去打动她那颗哪怕是石头一样坚硬而冰冷的心。

男人的甜言蜜语，是女人最大的兴奋剂，陶醉在恋爱中的女人听到男友的称赞，比喝了一斤白酒还容易醉倒在他的怀抱里。如果一个男人说："小姐，你好漂亮。""是吗？谢谢！"女人立即喜上眉梢、容光焕发，而且竟真的漂亮起来，男人漫不经心的一句甜言蜜语，成了抹在她脸上的美容霜。

[女人的致命弱点]

女人喜欢浪漫，恋爱中的女人更是如此。虽然明明知道那些甜言蜜语是假的，却百听不厌，常感动于恋人刻意制造的浪漫气氛中。在浪漫的环境中，明明知道是包着糖衣的毒药，也会轻易地答应本不该答应的事情。

女人对甜言蜜语的喜好，就像小孩儿喜欢糖果、男人喜好烟酒一样，有瘾。男人们也会说甜言蜜语，不过大都是在结婚前。一旦结了婚，就像小孩断了奶似的，忘得干干净净了。于是，女人们常会幽怨地说："婚姻是爱情的坟墓。"

女人最大的痛苦，就是男人不对她说甜言蜜语了！有些女人常常无聊地问自己的老公："老公，我漂亮吗？""你爱我吗？"如果男人故意地回答："一点都不漂亮，难看死了！""现在还爱什么美"她肯定会气得吐血。

大作家梁实秋先生，在当年追求影、视、歌三栖明星韩菁菁时，就是每天给她一封热情似火的信，而且每天都会高兴地捧一束玫瑰守候在她的门前，等她起身出门，真的是风雨无阻。梁实秋的信让一般人"不忍卒读"，似乎太"肉麻"了。然而，正是那一封封"肉麻"的甜言蜜语，再加之先生举世无双的才华、名气和真情，最终俘获了韩菁菁的芳心。后来，有才女为梁实秋和韩菁菁这对"白发红颜"情侣的倾城之恋深深感动，曾大胆地写了一篇文章：《要嫁就嫁梁实秋》。

男人用甜言蜜语感动他心爱的女人，从此就可以双栖双飞，恩爱一生一世，这是很正常的，非但不应非议，而且值得赞赏、学习和模仿。甜言蜜语，的确是爱情的电光石和润滑剂。在真诚的基础上再加上甜言蜜语来抚慰女人，会使恋爱中的女人更如火如荼，婚后的女人永远浸润于恋爱的熏风细雨中。

甜言蜜语是男人征服女人的"杀手锏"，攻无不克，战无不胜！

出于责任
或虚荣

　　生活中，很多男人在遇到困难时，都会对女人这样说："放心，这点小事难不倒我！"不管是在温柔体贴的时候，还是在暴跳如雷的时候，抑或是心不在焉的时候，甚至是自身难保的时候。仿佛说了这句话，才能算得上是一个真正的男人。

　　男人爱说这句话，其实有着很多的心理原因，害怕自己被看轻是首当其冲的，好像自己若是无法解决这件事情，就显得能力不强。对于一个男人来说，这应该比挨打还难受。其次，不想让女人担心，这是一个有责任心、敢于担当的男人的想法。如果说第一种原因是为了自己，那么第二种原因就是完全为对方着想。

[实景再现]

　　郭强与陈雅是一对相恋4年的甜蜜情侣，在经历了4个年头的恋爱长跑之后，他们终于决定走入结婚的殿堂。于是，他们满心欢喜地到处看房子，陈雅更是一听到"房子"两个字就激动，她一有空就会上网浏览关于房子的信息，最后看上了一套高雅但不失温馨的房子。不过，在房子这个问题上，郭强有不同的意见，他有自己的主张和想法。最终，陈雅没能如愿，他们买下了郭强看中的一套房子。这套房子比陈雅当初看上的那套小，价格也便宜了不少，原来郭强是想省下一笔钱再买一辆车。为此，陈雅心里一直都不舒服，每每提到此事都十分委屈，眼泪止不住地掉。

看到女朋友这个样子，郭强也不忍心，但他又觉得自己没做错，这令陈雅更伤心了。就在这时，陈雅的父亲生了重病，病情危急，这个消息如同重磅炸弹一样，将本就伤心的陈雅给"炸"晕了。每当她难过的时候，郭强都会温柔地抱住她说："放心，一定会有办法的。"听到这句话，陈雅的心就会安静不少。后来，郭强不断地带陈雅的父亲去看知名医生，巨额的医药费让陈雅有些承受不住。但郭强总是对她说："没事，有我在，钱的事情你就放心吧。"其实，陈雅又怎会不知道他的难处呢？刚刚买过房子和车子，哪里还有钱呢？果然，郭强所谓的"没事"是装出来的，一开始，他找朋友借了很多钱，后来干脆把心爱的车子也给卖了。尽管如此，他依然对陈雅说："呵呵，没事。"

看到郭强为自己所做的一切，陈雅之前对他的不满也逐渐消失了，取而代之的是不尽的感激和爱。

面对苦难，郭强将一切都包揽了下来，同时还要兼顾到女朋友的心情，不断地安慰她，不断地重复那一句："放心！这点事，难不倒我。"或许，男人天生就喜欢逞强，或者天生就喜欢吹牛，也或者天生就爱慕虚荣，然而，当一个成年男子在对自己心爱的人说这句话的时候，大多还是因为对佳人的疼惜。

男人爱说谎，女人爱哭泣，男人爱说谎之于女人爱哭泣一样，没有为什么。如果真要说个所以然来，或许只有"天性使然"这个原因最合适了。当男人说"放心，这点小事，难不倒我的时候"，不管出于什么心情，目的都是为了让女人心安。当然，不排斥其中有一些炫耀的成分，甚至有时候是为了让女人崇拜自己、相信自己、爱慕自己。但不管怎样，这句谎言依然是大多数女人都喜欢听的。

[男人，真的难不倒吗]

"男人就是难不倒的人"，这句话看似是一个笑谈，却不无道理。不仅男人自己这样看自己，女人也会这样看他们，似乎他们天生就代表着坚强、刚毅、勇敢，任何事情都难不倒他们，哪怕天塌了，他们也得先顶上去。为了成为自己心目中"真正的男人"，也为了成就女人心中"真正的男人"，男人们不得不让自己强大起来。所以，日常生活中，我们经常会看到一个男人想也不想就对女人说："这难不倒我"。

男人爱慕虚荣，无论面对什么事情，他们都无法丢弃自己的面子，因而我们也经常会看到一个男人为了让哭泣的女人止住泪滴而口不择言。当然，我们在听到这句话的时候，也可能是因为这个男人正气急败坏或者烦躁不安时候的出口伤人。

其实男人也很脆弱，他们也是人生肉长的，很多时候，他们也会非常无助，只是心底的那一份责任和担当促使他们坚强起来。尽管有时候是在伪装，但不得不说，这份伪装往往最能打动女人的心。

可以想象一下，当一个男人对一个无助的女人说"这件事情我也没有办法"时，男人的形象瞬间就会下降，女人只会更加绝望。所以，不管怎样，一定要先说出这句话，其他的以后再理会。

当然，也许男人说这句话，还会出于其他的原因。但有一点是可以肯定的，那就是女人在听到这句话后，往往都会十分心安，即使心中对这句话产生怀疑，也依然会对男人产生一份依赖。

没有行动的情话
充满缺陷

"常说'我爱你'，多说'是，亲爱的'"，这是获得《吉尼斯世界纪录大全》编委会确认的、全世界婚姻纪录保持时间最长的英国夫妇波西和佛罗伦斯·史密斯的爱情秘诀。波西105岁，佛罗伦斯100岁时，两人结婚80年了。

心理学家认为：配偶之间每天至少要向对方说三句以上充满感情的话，如"我爱你""我喜欢你的优点""你真动人""我很想你"等。专家研究发现，亲昵的话语对于提高家庭生活质量有着妙不可言的作用。长期缺少拥抱、亲吻的人容易产生"皮肤饥渴"，进而引发感情饥渴。因此，家庭生活最好能多点亲昵的举动。但是，有不少夫妻认为"当众亲昵"是轻浮的表现，"经常亲昵"是黏黏糊糊，并不可取。如夫妻出门前拥抱、亲吻；老夫老妻牵手上街；经常运用眼神交流等。他们更希望配偶把爱体现在细致体贴的关心之中。这种观念固然没错，但如果只有行动，没有情话，会不会给人以"只有主菜，没有调料"的缺陷感呢？

[实景再现]

东和小优已经结婚十余年了。但是，他们看起来依然是那么幸福，那么快乐，好像激情在他们之间永远都燃烧不尽似的。其实，这和东每天都坚持对小优说"我爱你"是分不开的。他们夫妻之间有许多惯例：每天早上上班前，都要给彼此一个吻，然后再拥抱一下，感受一下彼此，最后东对小优说一声"亲爱的，我爱你"。虽然东和小优天天都见面，但每天他下班之际，都会给小优在手机里或是电子邮件中发一条信息，每封电子邮件除了关心的话语之外，永远都不会缺少一句话——"我爱你"。

东有自己的公司，每天工作很忙；但他从不要求妻子做一个全职主妇。小优是一家幼儿园的园长，由于东的工作太忙，所以家务事都由小优做。但不管东多么忙，他都会为自己和妻子安排一些时间，一起布置他们温暖的家。还有一个惯例就是他们在上床睡觉前，总是一起去刷牙、洗脸。有时，小优帮东把牙刷上的牙膏挤好；有时，东帮小优挤好。上床睡觉之前，东也总会看着小优说一声："我爱你。"

婚姻生活中缺少不了关心，缺少不了"我爱你"这个维持婚姻长久的黏和剂。在婚姻的旅程中，每一个人持的都是单程票，谁也不会很幸运地能再重来一次。有句谚语说得好："美好的语言恰似一只蜂巢，日积月累地制造甜蜜。"把心里的蜜说出来，实际上是一种欢乐的创造，为自己，也为枕边人。"我爱你"是世界上最美的话语。

对每个人来说，想拥有一个幸福、美满、天长地久的婚姻并不难，什么事情都是习惯成自然，把向对方说"我爱你"养成一种习惯，用心去爱对方，那么天长地久，幸福、美满的爱情一定是属于你的。

[爱情也需要保鲜剂]

对于结过婚的女人来说，在婚后的生活中，她们心里还是一直都在渴望生活中有点浪漫的色彩出现，这不是个别女人的愿望，而是每个女人的毕生愿望，女人天生就是浪漫的遐想者。哪怕男人只是偶尔说些情意绵绵的情话，或者在结婚纪念日和情人节送点微薄礼品略表心意，都会让女人感到无比幸福。婚姻中的伴侣们都需要对方的肯定，只有温柔而直接的表达才会让人感到安全幸福，才会使夫妻之间的感情不断升级。

婚后，两个人的感情千万不要被生活中的琐事磨得没有棱角。要想明白：生活中不仅仅只是柴米油盐、孩子和赚钱。如果夫妻感情破裂，就算开宝马住洋楼，又有什么意思呢？夫妻之间深厚的感情是家庭幸福的源泉，是努力工作的动力。白头偕老的爱情需要夫妻双方不断地努力。

结婚三载的小红，最近抱怨说：她老公不像从前那样爱她了。当年他追她那阵子，每次约会无一例外都是一大捆红玫瑰光彩夺目地在眼前闪现，在她笑吟吟收下的同时，一句情深款款的"I Love You"也会紧随其后。婚后头两年，老公哪怕再忙再累，也始终不忘每天临睡前在耳边轻声细语地说一遍"我爱你"。慢慢地，她发觉老公越来越金口难开了，那习以为常的三个字就像空气中的浮尘变得越来越稀薄了。终于有一天，她火了，不停地质问他："你是不是不再爱我了？"老公连声否认。"那你为什么不再像以前那样每天都说一遍'我爱你'了？"老公一愣，起先无言以对，末了，发出一声叹息。这三个字天天讲月月讲年年讲，已经变成了一道紧箍咒，让他喘不过气，长年累月下来，他烦了，厌了，倦了。

男人和女人都要学会温柔表达。生活中千万不要忽略"我爱你"三个字的力量，对女人来说，一辈子听不厌的话永远是"我爱你"。男人适当的表达会加深彼此的感情，让夫妻俩的爱情不断深化，家庭更和睦。如果男人每天上班前不忘记亲吻一下老婆，那是最好的表达了。作为女人，也要努力地体贴老公，老公下班后，给他倒杯茶，做顿可口的饭菜，这样男人即使再累，他一定也会感到非常幸福，从而更加依恋这个家。

甜言蜜语，
受之有度

何谓"甜言蜜语"，词典上的解释是：为了讨人喜欢或哄骗人而说的好听的话。甜言蜜语是男人对女人最常用的一种礼仪表达方式。那么，男人为什么总是那么爱说甜言蜜语呢？最好的解释是：女人爱听。

[实景再现]

王璐是一个美女，她肤如凝脂，笑起来眼波含情，妩媚动人。她的手白皙柔软，每个指甲上都细细画了一朵紫色的花，娇俏可爱。这样的女人，应该是有很多男人爱的，可是她却偏偏陷入了爱情的沼泽里而不能自拔——她是一个第三者。

王璐的第一个男友也是她唯一的男友李枫，比王璐大10岁，王璐认识他时他已经快30岁了，而他却说自己刚刚20岁出头，王璐居然也相信了。他们的故事开始在几年前的一个初春，那时，王璐大学刚毕业就顺利地进了一家知名企业，李枫是跟王璐有工作往来的一个部门的经理。虽然李枫长得不算很帅，但风度翩翩，气度非凡。

起初，他们的接触也只是因为工作上的事，随着工作的进展，接触也越发频繁起来。这时，他们彼此都感到了对方的好感。

可是有一次，一件小事引起了王璐的疑惑。那天，李枫去洗手间，他放在座位上的手机响了，第一次响的时候，王璐没有理会，过了一会儿，手机又响了，由于当时他们吃饭的餐厅很幽静，手机一直响让人感觉很不舒服，于是王璐拿起李枫的电话准备接听。这时李枫回来了，急匆匆地抢过电话说："我来我来。"本来王璐倒没觉得什么，可是就在李枫抢去电话的那一瞬间，王璐看见手机上贴着他和一个小孩的大头贴。李枫接完电话之后，王璐问起这张大头贴，李枫竟说出了一个惊人的秘密。李枫用忏悔的语调跟王璐说，他骗了王璐，手机上大头贴中的小孩是他的儿子，他结过婚，不过几年前就已经离婚了。虽然他们两人的年纪相差很大，可是李枫太爱王璐了，不想放过这段感情，所以才撒了谎。李枫说，他对不起王璐，愿意从此不再见王璐，愿意接受王璐跟他分手的事实。

虽说分手，但并不是彻底的分手。王璐思考了一个月，发现自己无法忘记李枫。于是，王璐拿起电话，约李枫见面。当李枫一见到王璐，就表现出一种既开心又愧疚的表情，王璐希望李枫跟她讲清楚，李枫便老老实实地"交代"起来：他结婚比较早……从那之后，他都是一个人过。直到后来遇上王璐，他才发现原来跟女人在一起还会有这么多的快乐。

那天，李枫显得很激动，他没指望王璐会原谅他，可还是希望王璐能给他一次机会。说着，李枫从兜里掏出了一只锦盒，里面装了一枚钻戒，李枫诚恳地希望王璐能收下，并说这是在一个多月前就买好的，没想到还有机会送给王璐。

他们就这样和好了。为了来往方便，王璐给了李枫家里的钥匙，但是李枫从来没有在王璐家里留宿过，说这样对王璐的名誉不好。可是，王璐还是遇见过李枫和他的儿子还有一个女人一起逛街，一看就是一家三口的样子。也许世界实在是太小了，一天，王璐的一个伯父过生日，宴请大家。王璐本来想约李枫一起去的，但是王璐的爸爸妈妈要跟她一起去，再说她和李枫的关系爸妈还不知道，于是王璐没和李枫打招呼就去了。席间，王璐又看到李枫和那个女人，熟人们喊他们李经理和李夫人，就连王璐的爸爸居然也认识李枫夫人。

第二天，王璐约李枫见面，一见到王璐，李枫就向她认错。并说他们的关系已经名存实亡，但为了孩子才没有离婚。又说愿把心掏出来给王璐看，之所以爱王璐，是因为王璐是一个聪明而有智慧的女人，不会看重名分和世俗的东西。

王璐很想立刻和李枫一刀两断，但感情不是说断就能断的。现在的王璐不知道该怎样面对李枫，也许李枫说的都是真的，他们应该一起等，但是这样的状态下王璐该相信李枫吗？相信一个成熟体贴的李枫，还是相信一个不断欺骗王璐的李枫？哪一个才是真实的李枫呢？王璐一下子陷入了困惑之中。

婚外恋的男人绝大部分都对自己的婚姻很满意，他们只是为了寻求新鲜感觉，满足生理需求，因为有愧于妻子，他们反而会更加顾护家庭。如果没有东窗事发，男人很乐意在两个女人之间周旋。

男人普遍认为，只要在感情上忠于妻子，偶尔在外逢场作戏也无妨，因此，有外遇的男人喜欢用钱或权打点情人，免得被对方粘上不放。

男人搞起婚外恋起来没什么负担，他们拿得起放得下，回家照样对老婆亲亲热热。因为男人知道女人爱他。即便是他说了一些让女人伤心的话，他也会用甜言蜜语来哄女人开心。女人一旦爱上男人，便会死心踏地的投入去爱；可是男人一旦知道女人爱上自己之后，便会开始忽略女人，甚至做一些让女人伤心的事情。因为男人相信女人的爱是奋不顾身的，相信自己已经把握住了这个女人，相信自己的甜言蜜语能够弥补一切伤痕。

对于男人来说，甜言蜜语似乎拥有征服女人的一切力量。伤心也罢，难过也罢，流泪也罢，只要男人的一个拥抱，一些甜言蜜语，女人便会忘记疼痛。别以为男人不知道，事实上，男人们都明白这一切，所以他们才会更加肆无忌惮。

[男人的甜言蜜语都是圈套]

对于女人来说，该用什么样的词去形容男人，是件很困难的事情。如同男人永远猜不透女人的心思一样，男人到底有多少谎言，女人永远不知道，有多少甜言蜜语，更是不知道。

即便如此，男人仍然有无数的谎言，如同女人会轻易爱上男人的甜言蜜语一样。不知道从什么时候开始，男人的甜言蜜语多了起来；也不知道从什么时候开始，男人的谎言也多了起来。或许他是真心爱你，但他的谎言却是真的欺骗了你，毕竟他的甜言蜜语并不一定能够全部实现，他所说的话语并非均是承诺。

人们常说，会甜言蜜语的男人不可靠，可是，在现实社会中，还是有很多女人会爱上男人的甜言蜜语，也许这与女人天生是感性动物有关吧。女人经常会为一句话而感动许久，或许正是因为男人把握住了女人的弱点，其甜言蜜语才会越来越多，谎言也随之层出不穷。

对于女人而言，若要避免中男人甜言蜜语的圈套，就不要轻易爱上他的甜言蜜语。既不要让他知道你会为他的一言一语所感动，也不要让他明白即使承诺无法兑现，你也觉得无所谓。在太多面对女人的时候，男人会狡猾得像狐狸一样，甚至能够从你的一个眼神里，洞悉出你的一切。所以，男人总会把女人放在一旁，总会把女人看作是衣服，把兄弟看作是手足。

那一切，是因为他知道你爱他。即便是他说了一些让你伤心的话，他也会用甜言蜜语来哄你开心。女人一旦爱上男人，就会死心踏地地投入去爱；可是男人一旦知道女人爱上自己后，便会开始忽略女人，甚至做出一些让女人伤心的事情。因为男人相信女人的爱是奋不顾身的，相信自己已经把握住了这个女人，相信自己的甜言蜜语能够弥补一切的伤痕。

对于很多男人来说，甜言蜜语拥有征服女人的一切力量。伤心也罢，难过也罢，流泪也罢，只要男人的一个拥抱，一些甜言蜜语，就会让女人忘记所有的疼痛。别以为男人不知道，事实上，这一切男人们都明白，所以他们才会更加肆无忌惮。

所以，当男人对你说一些甜言蜜语时，千万不要上当，因为从你爱上的那一刻起，自己便陷入难以自拔的泥泞之中。女人一定要知道，行动远远大于语言，千万不要被男人的甜言蜜语所迷惑。要知道，那些几乎都是不会实现的梦幻，男人从来不会把甜言蜜语当作承诺。

什么海枯石烂的甜言蜜语，到最后还不是像风一样消失得无影无踪，抛弃你的时候不是头也不回地转身就走？女人还会相信男人这样的誓言吗？这样的男人你还能够相信吗？为了把这一切扼杀在摇篮之中，女人们，千万别爱上男人的甜言蜜语！

哄骗式的遮掩
不能原谅

生活中每个男人结婚后，不但要面临婚姻中的柴米油盐，而且还要面临一系列的家庭压力和工作压力。受到这些因素的影响，男人自然没有婚前那么洒脱，同时也感觉妻子不像婚前那样不食人间烟火般单纯，便时不时的想在外面趁老婆不关注自己的时候，捕捉一下周围的"猎物"。

[实景再现]

晔是一个私企老板。为了工作的需要，人市部替他招聘了一个单身女孩做他的秘书。时间久了，在不太忙的时候，女秘书经常跟他一起聊天。男人觉得跟她在一起什么烦恼都忘记了，总有聊不完的话题，例如他过去的辉煌史、他现在作为一个男人的压力以及他最初的人生理想，女孩都能安安静静地倾听，甚至还能幽默地为他"降压"。他很愿意跟她相处，尽管他深知自己很爱妻子。

单身女孩子更需要人照顾，当这位女孩生病后，由于亲人远在他乡没有人来照顾她，晔就每天对她问寒问暖，女孩半夜发来短信，他也有信必复。周末，他陪女孩子上医院，去公园散心，却告诉妻子他在公司加班。

这个时候，男人确定自己对女孩的关心是发自内心的，尽管他始终觉得自己跟女孩是清白的，但又不愿让妻子知道而引起不必要的家庭纷争或者毁掉这美好的现状。他只有千方百计不让妻子知道，遮遮掩掩地对病中的女孩嘘寒问暖。

最终，妻子还是发现了男人行为上的异常，妻子让他交待所有的一切，男人很无奈地辩解道："她只是我一个普通的好朋友，生病后没有人照顾。如果我说跟她没什么，你绝对不会相信，而且会很痛苦，还不如不告诉你。我是爱你，才骗你。"

妻子说："其实，你不骗我，更能说明你爱我。我相信你们之间没有什么，也同情她身处异乡无人照顾，为什么你不相信我可以跟你一起照顾她，一起做她的朋友呢？"

男人之所以不想把真相告诉老婆，是因为他还想与老婆维持他们共同经营的家，他也是很爱老婆的，但男人的天性让他不想这样一生都被老婆管得这么严，总想在外面潇洒一番。

很多情况下，男人口口声声说女人不相信自己，实际上是他先不相信女人。他不相信女人会理解他，会谅解他，却相信隐瞒和谎言能够瞒天过海，而且能遮盖得天衣无缝。然而，女人更加无法忍受男人这种哄骗式的遮掩，无论男人是偷鸡摸狗式处心积虑的欺瞒还是身正不怕影子斜式不屑一顾的欺瞒。但是，谁又能保证男人们这种"善意"的谎言不会因为自己的意志脆弱而演变成"真实"的谎言呢？

[有时男人的谎言可以善解]

撒谎可以说是男人的天性，对他而言，自由最可贵。婚姻中，不管双方之间的关系有多亲密，都不可能将所有事都告诉彼此。女人可以看他撒谎的大小，有的谎言需要揭穿，可以在不经意的时候，以轻松玩笑的态度来揭穿，例如笑着夸张地对他说，"你就别说谎来骗我了，我其实什么都知道，只是不想提而已"；

有的谎言暗示一下就够了，暗示他，其实你心里很清楚；一些不关感情痛痒的谎言，装糊涂就行了，没必要揭穿他，更不可以得理不饶人地惩罚他。如果他不肯主动说出来，你步步相逼也没有用，最终得到的多半还是谎言。

为了家庭和谐，为了不让双方受到伤害，女人对付男人说谎，最好的办法就是不要给他说谎的机会，一次说谎的机会也不能给他，在平时的生活中，不要表现出太在乎他，事事都关心地询问他。不然，他会从心里对你产生一种不喜欢甚至想逃避。应该寻找机会多跟他交流，你可以在他心情好或者得意忘形的时候，诱导他无意中说出真话来，这个时候不要趁火打劫，你如果表现出适当的宽容，他反而会对自己的谎言感到内疚，这比你批判他的效果强多了。

假设他的谎言伤害到了你，要保持头脑冷静，千万不要太冲动，以免扩大事态，难以收场。我们知道，愤怒会让女人失去理智，而且在愤怒时说给对方的话不仅带有一定的伤害性，还会让他的"丑闻"传得满城风雨，或许你在这样的鸡飞狗跳中可以感到一种快感，但事情过后，你失去的将会更多，所以，此时你需要的是冷静地跟他交流。

男人对感情的描述都是在撒谎，但他们不撒谎又怎能把感情说得清楚？其实，相爱的人之间是没有任何东西可以隐瞒的。男人爱撒谎，女人不愿被骗，因此，围城中的人总爱玩捉迷藏的游戏。就如雪村在《亲爱的媳妇》里唱的那样："我亲爱的媳妇，她长了一双千里眼，她说在我出远门的时候，她说什么都能看得见……"如果某个男人能从心里这样认为老婆的本事，那么在外面自然就会少惹事端了。

尊重男人
的过去

"你的前一个女朋友长什么样子？""她的性格如何？""你当时是怎么追她的？"对于所有的妻子来说，丈夫前任女友的情况永远是她所好奇的。哪怕丈夫已经交待过N遍，也要坚持不懈地问下去。对于男人而言，不说吧，女人会大怒"你心里还记着她，要不为什么不能说？"说吧，一遍遍地重复该多烦，倘若在某个细节上，这次说得和上次不一样，那么，就会激起大战来。

所以，男人最后干脆淡淡地说了一句："我过去的女朋友，就那么回事。"

[实景再现]

有一对夫妻，生活过得非常甜蜜。在这之前，丈夫曾经和另一个女孩有过一段刻骨铭心的爱情，他们彼此相爱着，但由于种种原因，最终还是没有走到一起。

丈夫在与现在的妻子谈恋爱的时候，把以前那段刻骨铭心的爱情讲给妻子听，所以婚后妻子经常撒娇般地问丈夫："你和我在一起时，是不是还经常想起你以前的恋人啊？"每一次妻子这样问的时候，丈夫总是这样回答："不会的，现在我已经有了你，哪儿还有心思去想别人呢？"

然而，丈夫怎么会不记得那场轰轰烈烈的爱情故事呢？毕竟他们曾经真心相爱过，但他却不想告诉妻子。事隔这么久，况且现在自己已经过着幸福的生活，而那往日的恋人也早已拥有了自己的幸福。偶尔的回忆，并不会影响他现在的生活，如果对妻子说了实话，妻子的心里会怎么想？她的心里一定会蒙上阴影，进而失去平衡。生活中，善意的谎言是很有必要的，既然已经成为过去，那么还是让它随风而去吧，这才是真正明智的选择！

面对过去女友的一些问题，很多男人都不愿回答，总是敷衍了事。因为他们认为如果在结婚之后，没有一点隐私的话，就如同被人剥光了衣服，而过去的情感正是他们最安全的隐私地带，他们已经逐渐习惯了对过去情感的隐瞒。

对于妻子来说，她们总是暗暗地想，反正我已经是你的人了，我有权知道你过去女友的真实情况，她有多好，她有多美，她的学历是不是比自己高，工作是不是比自己的好等。但是当那些隐私观念较强的男人面对这些问题时，便会敷衍了事，有的男人还会幽默地说："宝贝，你别闹了，她哪能跟你比呢？"虽然男人也懂得诚实的重要，但有些问题却是他们不愿回答的。难道结婚就意味着要在对方心目中变成透明人吗？俗话说得好"人至察则无徒"，如果做老婆的过于火眼金睛，明察秋毫，做老公的就活得太累了。时间长了，他也不会把你看成是自己心中的一块宝。给一些善意的谎言留下一席之地，回报你的可能将是照耀在感情大地上的一缕阳光。

[男人不愿多提以前的女友，是因为他们也有自己的苦衷]

在这个世界上，共有以下三类男人：

对于过去的事情，第一类男人只字不想再提。每当现任女友或妻子问起他的前任女友时，他就无所谓地说"忘记了或不记得了"等话语，不然就是生气。偶尔又被问到的话，他就很紧张地问对方为什么这样接二连三地问？这时，女人觉得他好像有很多秘密，不愿意和自己交流，便觉得心里很难受，自己既是他的女朋友，又是他的未婚妻，可自己却是个什么都不知道的人。

或许是怕你误会。如果男人不太了解你，不知道你是怎样的人时，他便不敢轻易"出牌"，害怕自己出了一张"烂牌"，从而导致感情破裂，影响以后的生活。其实男人女人都一样，不需要"过分"详细地了解对方，只要知道她(他)的底线是什么就足以，底线之上，什么都可以妥协，底线以下，一切都没得谈了。

第二类男人不愿意向现在的女朋友或妻子提起以前的女友，是因为他担心女友怀疑自己还惦记着以前的女友，影响他们之间的感情。毕竟现在是你们两个在恋爱，或许这是他的伤口，不想提及，每个人都有自己的隐私，都有不想和别人一起分享的小空间，即使夫妻，也不例外。

第三类男人不愿提起自己的前任女友，或许是因为他认为那是他们的过去，不一定非要你知道。抑或是他认为知道了会让你担心，即使你知道了，也不能证明什么，毕竟它是已过去的事情，那些痛苦和快乐都是属于他们的，即使你了解他们的痛苦，又能怎么样呢？如果谈起他们的快乐，你会不高兴吗？会吃醋吗？会嫉妒吗？至于他会烦躁，则是因为那是属于他的回忆，而且可能是不愿提起的回忆。既然你爱他，又何必勾起他不愿提及的回忆呢！因此，对于一个聪明的女人来说，她不会要求男人追忆过多过去的事，未来才是最重要的。聪明的你，何必去扯一些过去的事呢？

小手段大伤害

如果把任何与真实面目有出入的说辞通称为谎言，世界上说谎的男人则是不计其数的。说谎，不杀人，不放火，不偷盗，只是脑子一转弯，就把你不想要的话给你。有人说，世界上没有不偷腥的猫，同样，也没有不撒谎的男人和老公。生活中最为常见的情景就是：

妻：早到下班的时间了，我给你打电话，你为什么不接呀？

夫：这段时间公司的事情太多，经常开会，在公司开会的时候，接电话影响不好。

男人总爱用谎言来掩盖谎言。

在女人的眼里，男人是一种善于说谎的动物，不论何时何地，只要男人做了不想让女人知道的事情，他的第一反应就是睁着眼睛说瞎话，比如，我在办公室呢，我在洛杉矶呢，我在开会呢。显然，说在办公室的男人没有在办公室，他正陪着一个美丽的女子在逛商场；说在洛杉矶的男人根本没有走出国门，正在家门口的一个咖啡厅里，一边和朋友谈着生意，一边自然地说谎；说开会的男人并没有在开会，他正兴致勃勃地和几个哥们儿吞云吐雾。

[实景再现]

周末，女人与男人在家。男人看报，女人边织毛衣边看电视。

突然，男人的移动电话响了，男人看了看来电显示，朝女人挥挥手，示意她把电视音量关掉，不要出声。电话中传来急促的女中音："在哪儿啊？找你有事呢！"男人捂住嘴，压低声音回答道："我在加班开会呢，不方便！"对方只好快快地挂断了电话。

等挂断电话，女人表示好奇，男人一脸从容地解释，有个女客户性子太急，买了他公司的一批货，说好了三天后发货，才过了一天就打了无数次电话催货。男人实在没有办法应付，只好装作开会来打发她。

对于工作上的事情，女人无法插手，深表理解。打开电视依然边看边织毛衣，但突然想起男人刚才在电话中那句话，感觉似曾相识。她常常打电话给男人，男人都会因为正在开会而冠冕堂皇地挂掉电话。

于是，女人严肃地问男人："你常因为开会不方便而匆匆挂断我的电话，会不会也是骗我的？"

"怎么会呢？骗谁也不能骗你呀！"男人面不改色心不跳地回答。只有他自己知道，这是他说过的最大的一个谎言。

对男人来说，有些谎言并非出于恶意，虽然说谎的男人理由不同，但目的却是相同的。那就是让来电话的女人放心，自己在外面奔波、挣钱，没有做出对不起她的事情，他正像她希望的那样，在开会，办公室，出国或者为生意而奔波。来电的女人，绝大部分选择了相信，虽然她们会一次又一次找理由找机会证明；一次又一次拐弯抹角地追问真相，你真的在办公室吗？你什么时候回家？你何时出国了？你身边怎么会有女人的声音。对此，男人却总是用谎言来解释这一切。

[男人都喜欢"家里红旗不倒，外面彩旗飘飘"]

在平日的生活中，我们常常看到这样的场景：男人追求女人的时候，从不计算成本，天天鲜花不断，高呼一定要将爱情进行到底，每当女人还没有下班的时候，就早早地在公司大门口等候，当彻底征服女人的芳心，将她熬成黄脸婆时，他骨子里拈花惹草的秉性也开始初见倪端。他不想老穿一件衣服，尽管这件衣服很合他的身，也很好看，但他又似乎觉得，作为一个人，如果不在外面风光一下，这一辈子就是白活了。

除了家里的女人，他突然发现自己还有更多的追求，他开始每天"神龙见首不见尾"。为了事业，为了女人，为了家，也要勉为其难地"应酬"。管他狐朋狗友还是红颜知己，多个朋友多条道路。

陪狐朋狗友们喝茶，陪红颜知己们歌舞完毕，酒足饭饱回来。女人面对迷糊不清的男人，忙不迭地端茶送水。看着女人心疼的眼神，男人趁机装可怜："总有一些推不掉的应酬，在外奔波真累啊！"心中却在暗自窃笑。

"家里红旗不倒，外面彩旗飘飘"既是男人的口号，也是他们向往的目标。男人都会认为家花不如野花香，家里的女人虽然端庄、贤慧，比起街上的那位豆腐西施还是少了一种味道。于是他开始寻寻觅觅，一旦发现猎物对自己暗送秋波，他便会奋不顾身地扑向对方。他懂得在漂亮的陌生女人面前扮失意，诉说自己的婚姻不幸，比如，与妻子性格不和，妻子不理解自己等。与别的女人聊上几句，就仿佛找到了自己的第二归宿。这是很多男人通常所用的手段，不然，怕别人的女人不理他。

他还可以一边放肆地搂着另一个女人调情，一边给自己的女人打电话，"亲爱的，晚上我要开会，你在家要吃好，早点休息！"尽管自己在外腐败，但却能把在家苦等的女人感动得热泪盈眶，或许他们还认为这只是一个善意的谎言。

男人在女人面前耍小手段，而痴心的女人也往往像昏君相信谄臣一般相信男人；当女人找到苗头来向男人兴师问罪时，他会说女人太敏感，太多疑。他们口口声声希望女人相信自己，却又在女人面前露出蛛丝马迹，来诱惑女人多疑的心。男人，还是好好对家里的这朵花多加疼爱一点吧。

应酬是个
体面的幌子

自古至今，很多男人都是言语上的孔雀，而女人，常常会被那些所谓的"甜言蜜语"迷惑。在女人的心目中，不曾认为大多数男人都撒谎，男人在外面花天酒地，而在家的她们还以为老公在外面辛苦地奔波呢。

少有男人是从未撒过谎的纯洁天使。所以，生活中就出现了这样一些男人，他们都喜欢"应酬"，并且善于"应酬"，应酬是个体面的幌子，许多暧昧的勾当均能因此顺理成章，他们能把许多荒唐事做得滴水不漏。

[实景再现]

大学毕业后，男孩和女孩各自有了工作，男孩的工作总是很忙，有时一个月休息不了一次，而女孩总是抱怨男孩冷落了她，终于，他们开始了第一次的吵架。女孩委屈地哭起来，可男孩却理直气壮地告诉女孩："你以为我不希望天天陪你吗？我这是为了工作嘛。"这场冷战持续了很久。终于，女孩还是忍不住，主动和男孩和好了。后来很多次男孩和女孩都因为这样的小事而吵得不可开交，可每次都是女孩先妥协。

婚后，男孩的事业大有成就，经常有许多应酬。而女孩已经成为一个专职太太，每天在家为男孩烧菜做饭，把家里收拾得干干净净。她经常会去菜场买回一些小河虾放在鱼缸里养着，男孩总问她为什么，女孩却总是会心一笑。

慢慢地，男孩每次回家，身上总是充满着不同的香水味道，而每次没等女孩问，男孩总连忙解释说应酬太多。女孩黯然，曾几何起，女孩不太爱说话了，也不像以前那么开朗了，她喜欢成天待在家里，抱着枕头看韩剧，然后随着剧情哭泣，夜深时，就会疯狂地大哭。以后的日子里，男孩回来时，身上的香水味固定了，女孩从来不问，可是男孩依旧说："对不起，今天又去应酬了。"

　　渐渐地，男孩开始不回家，或总是在外出差，男孩的事业越来越好，身边都是奉承的人，他每天都在别人的恭维下自豪地笑着。而女孩，几乎不出门了，她总会去超市买上很多方便面和一些必要的日用品，然后把自己关在家里，一待就是很久。从前，女孩会经常和男孩一起聊聊天，而现在她孤身一人，身边没有一个可以说话的人，每次打电话问男孩什么时候回家，男孩总是仓促地回答道："对不起，我太忙了，应酬太多，今晚又不能早回家了。"女孩失落地挂上电话，从那以后，她再也没有问过男孩什么时候回家。

　　那天，女孩心血来潮，按照地址去了男孩工作的地方，那是女孩第一次去，也是唯一的一次。女孩涩涩地按下电梯，来到这个男孩经常说忙的地方，她细细地观察着公司的每个角落，这里的一切，她都觉得很好看。终于，绕过长长的办公走廊，她来到男孩的办公室，轻轻地推开门……刹那间，女孩愣住了，眼前看到的不是自己的丈夫，也不是那个上大学时经常逗自己开心的贼小子，而是一个正在和别的女人亲热的男人。那个女人坐在男人的腿上，两个人又说又笑……

　　许久，男孩才发现了女孩，男孩惊慌失措，忙把衣裤捡起来穿好。可女孩，转身离开了。男孩飞奔出去，追着女孩，那晚，大雨袭击了整个城市。女孩不顾男孩的叫喊，径直往前跑，往回家的方向跑，男孩在女孩后面大喊："对不起，我还是爱你的，对不起，我真的只爱你。"可女孩，始终没有听见。

　　很多男人都喜欢应酬，并且善于应酬。"应酬"是个体面的幌子，许多暧昧的事情都因此顺理成章。他们能把许多荒唐事做的滴水不漏，几乎不留任何蛛丝马迹，他们游刃有余，乐此不疲，然后在忿忿不平的女人面前装出无辜和委屈的假状，可怜地声称他真的很讨厌应酬，但人在江湖，身不由己等。其实他心里正在计划另一件事情——听说A酒吧新来几个小姐不错，晚上约几个哥们儿去瞧瞧。

[做男人难，做女人更难]

生活中给彼此留一点自由空间，不仅能够缓解工作带来的压力，还能使自己得以放松，但作为男人，不能一个星期有四天都声称自己在外面应酬。如果这样的话，就值得留心观察了。

虽说男女平等，但在某些方面却是不平等的。如今的社会需要这样一种女人：工作时是个女强人，家庭中是个贤妻良母，白天要文静休闲，夜里要风骚动人，既要上得了厅堂，又要下得了厨房；既要理解男人赚钱难，又要带着孩子拼命赚钱，这仿佛已成为时代赋予女人的使命。最致命的则是女人始终活在男人的谎言中，男人从出生以来就有着一种优越感，这又是谁赋予的呢？

所以，当男人在女人面前谎言尽出，却没有一点自责的感觉时，如果女人当面揭穿他的谎言，就会刮起家庭风暴。女性朋友们，生活不求完美，人生难得糊涂。只有这样，才能在以后的婚姻生活中体会到幸福。

每个人都是
独立的个体

当一个男人和一个女人相互吸引时，男人就能够用甜言蜜语轻而易举地驯服女人；当一个女人对一个男人投入情感时，无论其是否相信许诺或山盟海誓，她都喜欢听，信与不信是另外一回事；当一个女人和一个男人为了小事吵架闹分手时，男人不需花费力量就能用甜言蜜语哄女人，因为男人清楚女人其实并不想分手，只是生气；当一个女人感受到一个男人对她的爱有所减少时，男人不需要做出行为，只需用甜言蜜语就能消除女人的顾虑。

[实景再现]

"你，真的要离开我，不再爱我了么？"女人淡淡的声音打破沉闷的空气。

"是的！"虽有些迟缓，但男人仍然坚定地回答。

"我是你的妻子，你说过的话不算数了么？"女人有些悲戚地问道。

"对不起！"男人垂下了头。

"为什么？"女人的脸有些苍白，就连平时娇艳的唇也有些发白，可是男人却看不到，现在男人的眼里只有另一个女人。

"你没有我，依然能够精彩，但是她如果没有我会活不下去。"

"所以你要离开我去保护她？"带着一丝嘲弄，女人问道。

"对不起，我知道我这样做对你不公平，但是……"纤纤玉指挡上男人的唇，挡回了男人要说的话。

"为什么当初你追我时，口口声声地说，你会爱我一生一世，如果没有我，你也会活不去的？"女人看着男人，期待着他的回答。

"那时，我确实非常喜欢你，觉得在我的生活里，如果没有你，我也会活不去的。可是，现在的我发现并不是这样的，我与你没有真实的感觉，那时追你，只是想让自己的生活不那么寂寞。"男人淡淡地说。

听到男人如此回答，女人的心碎了。此时此刻她的心里仿佛在滴血。她一句话也不想说，仿佛读懂了眼前这个男人的内心世界。

"你这样做，让我以后不敢面对任何男人了，也不敢相信世上的男人还能说真话了。"女人气愤地说道。

"哐"地一声，门被关上了，昭示着女人的离去，男人望着暗黑的屋子，不禁有些感慨，这曾是自己和女人一起布置的温馨卧室，风起，帘动，男人的颈间一阵冰凉，让男人想到在拥吻时曾感觉颈间一片温热，像女人的泪垂落在那里。

男人在与女人谈恋爱时，其中最爱说的一句话就是："没有你，我真的活不下去。"爱情，难道真的能够到达这种如痴如狂的地步吗？尽管爱情是自私的，但它绝对不会达到"没有你，我就活不下去"的境界。在这个世界上，每个人都是一个独立的个体，不论缺少哪个，地球都会照样转，世界末日也绝对不会因此到来。

[谁离开了谁都能活下去]

男人在追女人的时候，他们经常会对女人说这样的话语：当第一眼看到你的时候我已经深深喜欢上你了，你是那么的诱人，你让我抓狂。没有你，我会活不下去的。为了你，我愿意放弃我的生命，失去你，就像世界末日，我爱你。可是，如果真的离开了，一切不又回到过去了吗？其实真正放不下的，只是自己的回忆而已。

做人要明白：孤单不一定不快乐，得到不一定能长久，失去不一定最软弱，不要急着说别无选择，不要以为世上只有对与错，许多事情的答案不止一个，所以我们永远有路可以走，你能找到理由难过，也一定能找到借口快乐，懂得宽心的人找到轻松，懂得遗忘的人找到自由，懂得关怀的人找到朋友。

对于女人来说，既不要感觉爱情真的很神圣，也不要觉得充满浪漫色彩的誓言则是至真的承诺！"生生世世都不分离""一次牵手，一生守候"等等，这些令你感动的话语如今似乎变成了热恋时恋人之间的谎言，当诺言不再实现时，那种冰冷或许只有当事人自己最能体会！

两个相恋五年的青年分手了，没过多久，女孩子身边多了一个男人，并且准备次年结婚。女孩儿说话时，言语中都充满了幸福感！这种幸福是她和前男友在一起时没有过的。

她的前男友两个月前结婚了，新娘不是她；而她，现在也有了新的男朋友，依然幸福！

原本它应该是一个完美的结局，但爱情呢？曾经属于他们二人的爱情呢？那五年的时间呢？五年里他们所共同拥有的欢笑和泪水，誓言和承诺呢？一时间，全部消失了。

原来，爱情不是谁离开了谁就不能活的！原来，重新结识新的男友或女友，我们依然可以幸福地爱。那么，那些所谓的，只是针对于你我的誓言还能算得上是什么？难道仅仅只是为了在我们分手的那一刹那想起时，让我们感到幼稚和可笑吗？

当爱情不再神圣，当承诺可以随口而出，那么请把我们自己看淡，把我们的爱情看淡，这个世界，不是只有你和我，爱情的结合也不是只属于你和我，换成别人一样可以！

关于过去，
让它过去

对于女人而言，或许绝大多数人们均听过男人的这番话语："宝贝，我爱的是现在的你，根本不在乎你的过去……"事实上，这完全是一种自欺欺人的谎言，男人永远在乎女友的过去。

[实景再现]

在日本著名作家高见顺的小说《生命树》中，记载着这样一段情节：——是某大型酒吧的女服务员，在不断招待客人的同时，她深深地爱上了一个陌生的老总由美子。然而，由美子却在无意中了解到，——过去曾有一个情人，名为曾井，并被他割破了脸。虽然曾井曾伤害过——，但由美子却总是对他难以释怀。于是，一天夜里，他梦到——与曾井同床共眠，便在惊慌之中醒来，摇了摇身边的——，并以责怪的口气对其质问道："你之所以与曾井藕断丝连，就是由于他定有什么特殊的东西吸引着你，是吗？"听到由美子的话语，——伤心地说道："曾井只不过割破了我的一块脸皮，但是，你却深深伤害了我的心……"

在彼此之间的恋爱关系发展至一定程度的时候，男人均会这样向女人问道，"在与我交往之前，你还喜欢过谁？""他现在是干什么的？""那是多久以前的事情？""你们的关系发展到何种程度？"等等。这种威逼利诱的追问方式，使男人有时厉害得像是一个"辨其扑朔，澄其迷离"的司法刑警，有时却又温柔得如同和蔼可亲的祖母，或许这就是真正的男人。

在许多的杂志上，所谓"排忧解难"这一栏中，时常会呈现醒目的标题——"过去的一切应该告诉他吗"。由上述故事推测的话，或许你会觉得，还是尽量不告诉他为宜。事实上，较为理想的状态则是坦白地告诉他你的"过去"，等他完全对其了解后，再进行谈婚论嫁也未尝不可。

然而，话说回来，现实并非皆如人意的。对于一些男人而言，当他听到你的告白之后，不但不对之加以谅解，反而拂袖而去。这样一来，你岂不是功亏一篑了吗？即使当时的他并不计较，但在几年以后，十几年之后，几十年之后……倘若他重翻旧账的话，将无疑会为你带来一生的痛苦与灾难。

虽然从表面看来，男人均会说一些冠冕堂皇的话语，比如"我不会与你计较""我不会在乎你的过去"等，但当你把芝麻大的小事统统"抖"出后，每当他醉醺醺或感到不快乐的时候，便会有意无意地提起这些事情，以向你兴师问罪。因此，对于女人而言，不要对男人过于坦诚，否则，他将会变成一颗"不定时的炸弹"。除非你具有"独特"的经验，否则，面对男人的"拷问"，不妨羞答答地对他说："你是我第一个真正爱上的男人！"

与其他话语相比，没有任何一句话能比"有生以来，你是我第一个真正所爱的男人，为何爱得如痴如醉？连我自己都深感意外……"更能使男人感到心花怒放。当他听到这句话时，将会顿时欢呼起来，犹如婴儿一般任你摆布，毕竟"证明自己使他人相信的事情"，并非一件轻而易举的事情。

[男人，为何在乎女人的过去]

当双方均坠入情网的时候，女人对探索男人的过去兴趣不浓，而男人却对探究女人的过去兴致勃勃，仿佛"不问个水落石出，绝不甘心"似的……为何他们总是想方设法地套出女人的"口供"才肯罢休呢？

1. 它证明了男人的嫉妒心理绝不亚于女人，诸多认为嫉妒心是女性"专利品"的人们，未免对男人的估计有些偏高。其实，男人也拥有着一定的嫉妒心。

2. 男人之所以喜欢套出女人的"口供"，不仅仅是由于其嫉妒心在作祟，还在于其拥有着强烈的占有欲。对于目前占有"她"的状态，他依然感到不满足。在内心深处，他觉得自己不仅应该占有她的现在，还应独占她的过去。一旦拥有这种极强的占有欲，即使女方与家人、朋友有所亲近，他也会一脸不悦，甚至因为她喜欢观望一只尖嘴狗，他也会随之拉下脸来。换言之，只准她关心自己，而不允许其关心除他之外的任何人或物，这种近乎变态心理所酿成的后果，将是不堪设想的。

3. 在男人的心底，均有这样一种莫名其妙的想法，也就是说，想尝试一下他是否拥有询问她的权利。关于这一点，女人则截然不同。当女人拥有男朋友后，她便会开始注重他的现在与未来，并非一味地在乎他的过去。与男人相比，女人的宽容度比较大，毕竟对男人的"游戏"不进行追究的社会风习，已在无意识中被她所接纳。

然而，社会对女人的放荡、不检点行为等，却是不能宽恕的。甚至在一些自命进步的男人心中，尤为"在乎"这一点，以至于他们在寻找未来伴侣的时候，总是向女人问这问那、问东问西。

当面对此种状况时，有些男人只是随意问问，别无他意；有些男人却会穷追不舍地寻根究底……这主要取决于问话男人的性格，不论如何，作为女人的你均应留有所私，尽量不要毫无顾忌地和盘托出。

花言和巧语
是男人的一种策略

对于男人来说，所谓的花言巧语包含着两方面的内容，一是花言，二是巧语。前者偏于幼稚，后者侧重于老练；前者多为哄骗女孩，后者多为镇住女人。但无论哪一种，都是男人为达到目的采取的软硬兼施的策略。由于男人是目标动物，尽管很多时候，男人施展策略少是出于个人心计，多是男人的天生禀性，但从结果上看，由于女人天然情感因素导致的爱情归属感，使她们不但不容易理解男人的禀性，反而容易把男人的花言巧语当作真理的标准。这就是为什么很多女人婚前迷情，婚后清醒，或事前骄傲，事后自卑的原因。

[实景再现]

李小姐的婚姻持续了一年，离婚的原因是遭遇了家庭暴力。

几年前，李小姐在一个同学的生日Party上认识了现在的丈夫王博。

在看到王博第一眼的时候，她就动心了。两人聊了起来，而且很投机。在Party结束后，两个人分别留了各自的名片和联系方式。

从那以后，王博几乎每天都给李小姐打电话。而他的口头语就是：你是一个很特别的女孩，我就是喜欢你的与众不同。这一生，我非你不娶，一席话说得李小姐心动不已。如果你嫁给我，一生一世我都会照顾好你，只爱你一个人。

王博是她喜欢的那种男人——高大、儒雅且事业有成。王博快40岁了，离过婚，还带着孩子。尽管他们的恋爱遭到父母一次次的反对，但她认定非王博不嫁。认识不到半年的时候，父母终究拗不过她，为她举办了婚礼，婚礼既风光又隆重。婚后，李小姐一心一意地想做个好妻子，她爱老公，远胜过爱自己的父母。在那个远离家乡的城市里，王博是她唯一的亲人。后来她慢慢发现，除了她，王博一直和他前妻保持着很亲密的联系，知道后的李小姐眼泪狂流不止。她去找街坊邻居进行理论，王博知道后，就不顾三七二十一地打她。后来李小姐才得知，王博当年离婚的原因就是家庭暴力……

从此以后，李小姐整天泪流满面。她说，是王博的花言巧语骗了她。她很后悔当初不听父母的话。

作为女人，不光为破译男人，也为了解自己；不光为知男人其然，也为知自己所以然。也就是说，男人为什么敢于花言巧语，女人为什么容易上当受骗，这里除了"一个愿打，一个愿挨"的心理逻辑外，非平等因素也是女人受伤的原因，男人"游戏"的无奈。

男人是天生的性、爱分离者；女人是天生的性、爱统一者。男人受制于性的困扰，自然把爱当作性的说辞；女人受制于爱的迷情，最终把性当作是爱的奉献。直到交付完毕，双方从激情的巅峰退下后，男人才认清自己的真实想法，女人也开始抱怨自己的委屈。

因此，女人只有破译男人的花言巧语，才能真实地了解男人，进而使自己少受伤害或免受伤害。

[男人的甜言蜜语都是圈套]

对于女人来说，该用什么样的词去形容男人，是件很困难的事情。如同男人永远猜不透女人的心思一样，男人到底有多少谎言，女人永远不知道，有多少甜言蜜语，女人更是不知道。

即便如此，可男人仍然有无数的谎言。如同女人会轻易爱上男人的甜言蜜语一样，不知道从什么时候开始，男人的甜言蜜语多了起来；也不知道从什么时候开始，男人的谎言也开始多了起来。或许他是真心爱你，但他的谎言却是真的欺骗了你，毕竟他的甜言蜜语并不一定能够全部实现，他所说的话语并非均是承诺。

人们常说，会甜言蜜语的男人不可靠，可是，在现实社会中，还是有很多女人会爱上男人的甜言蜜语，也许这与女人天生是感性动物有关吧。女人经常会为一句话而感动许久，或许正是因为男人把握住了女人的弱点，其甜言蜜语才会越来越多，谎言也随之层出不穷。

对于女人而言，若要避免中男人甜言蜜语的圈套，就不要轻易爱上他的甜言蜜语。既不要让他知道你会为他的一言一语所感动，也不要让他明白即使承诺无法兑现，你也觉得无所谓。在太多面对女人的时候，男人会狡猾得像狐狸一样，甚至能够从你的一个眼神里，洞悉出你的一切。所以，男人总会把女人放在一旁，总会把女人看作是衣服，把兄弟看作是手足。

那一切，是因为他知道你爱他。即便是他说了一些让你伤心的话，他也会用甜言蜜语来哄你开心。女人一旦爱上男人，就会死心踏地地投入去爱；可是男人一旦知道女人爱上自己后，便会开始忽略女人，甚至做出一些让女人伤心的事情。因为男人相信女人的爱是奋不顾身的，相信自己已经把握住了这个女人，相信自己的甜言蜜语能够弥补一切的伤痕。

对于很多男人来说，甜言蜜语拥有征服女人的一切力量。伤心也罢，难过也罢，流泪也罢，只要男人的一个拥抱，一些甜言蜜语，就会让女人忘记所有的疼痛。别以为男人不知道，事实上，这一切男人们都明白，所以他们才会更加肆无忌惮。

所以，当男人对你说一些甜言蜜语的话语时，千万不要上当，因为从你爱上那些甜言蜜语的那一刻起，自己便陷入了难以自拔的泥泞之中。女人一定要知道，行动远远大于语言，千万不要被男人的甜言蜜语所迷惑。要知道，那些几乎都是不会实现的梦幻，男人从来不会把甜言蜜语当作承诺。

什么海枯石烂的甜言蜜语，到最后还不是像风一样消失得无影无踪，抛弃你的时候还不是头也不回地转身就走？女人还会相信男人这样的誓言吗？这样的男人你还能够相信吗？为了把这一切扼杀在摇篮之中，女人们，千万别爱上男人的甜言蜜语！

06

女人七种
心理的展现

　　同样是从眼睛里流出的液体，但眼泪却
有着不同的种类，这就是为什么男人一直困
惑于女人高兴时也流泪、悲伤时也流泪的原
因了。的确，女人欣喜的时候，会激动地掉
泪，女人悲伤的时候，又会难过地掉泪。不
同状态下的眼泪，自然有着不同的心理环境。
本章就为读者一一剖析女人的眼泪。

眼泪是
悲伤的宣泄

女人天性娇柔，眼泪似乎就是最好的证明。女人的眼泪似乎也和女人一样娇柔，它们通常都是在低声抽噎时从眼眶中缓缓滑落，流过女人特有的精致面颊，留下两道浅浅的泪痕。泪珠晶莹剔透，映出整个天空，同时也映出女人纷繁的内心，或委屈，或悲伤，或喜悦，人间百味，全都融在那两道浅浅的泪中。

女人天生就是演员，说哭就哭，就像说笑就笑那么容易。女人的眼泪，就像是滔滔江水一样，伸手就来。当男人提出分手的时候，女人会流下眼泪；当男人背叛自己的时候，女人会流下眼泪；当自己心爱的男人出了意外时，女人依然会流下眼泪……此时，她们所流下的泪水拥有一个共同的名字——悲伤的眼泪。

[实景再现]

男孩和女孩相爱两年，男孩很花心，而女孩却对爱情很专一。女孩很爱雨天，也很喜欢淋雨。每当女孩跑出伞外淋雨的时候，男人常常也要陪着她一起淋雨，但都被女孩阻止了。男孩总是会问道："为什么不让我陪着你一起淋雨呢？"女孩回答说："我怕你会生病。"男孩反问道："那你为什么要去淋雨呢？"这时，女孩总是笑而不答。最后，男孩往往拗不过女孩，就答应了她的要求，因为男孩只要看到女孩开心，就会感到快乐。但幸福的时光总是不会太长久，最终，男孩还是喜欢上了另外一个女孩。

一天，就在男孩和女孩吃饭的时候，男孩提出了分手的要求，女孩默默地接受了，因为她知道男孩像风，而风是不会为任何人停留的。那天晚上，男孩最后一次送女孩回家。在女孩家楼下，男孩最后一次吻了女孩，并说道："真抱歉，辜负了你。"女孩听完便伤心地哭了。男孩抱着她，过了好一会儿，才说道："有一个问题我早就想问你了，为什么你每一次淋雨的时候都不让我陪呢？"许久之后，女孩才缓缓地说："因为我不想让你发现我在哭泣。"那一天晚上，又下起了雨。

面对男孩的决定，女孩选择默默接受，但事实上，她的内心深处也有着一种难以说出的痛苦，她也终于由于控制不住自己的情绪而留下了悲伤的眼泪。

一般而言，女人的悲伤情绪源自诸多因素的影响，比如直系亲属的死亡，自己面对挫折的能力较弱等，但更多的则是出自于爱的挫伤。当她深深地爱上某个男人，而这个男人却在猛然间爱上别的女人时，她的眼泪就会肆意流下；当忆起曾经近在咫尺，如今却散落天涯的情侣时，她的眼泪则会随之滚淌；当昨日的"阳光"被今日的"雪花"所代替时，她会禁不住失声痛哭……或许命运总是这样与她们开着玩笑，或许她所苦苦追寻的那个人，并不是陪伴自己度过一生的人，既然如此，又何必挽留？何必悲伤？"天涯何处无芳草""塞翁失马，焉知非福"。对于女人来说，千万不要由于悲伤而哭泣，只有想方设法使忧伤飘落在无声无息的岁月里，才能迎来崭新的曙光。

[流泪，是女人的灵性表现]

"哀则心动，心动则五脏六腑皆摇"，人只要一悲伤，心就会随之颤动，而目为心之窍，心神一乱，眼睛也就会乱，液体便会往上涌，从而流眼泪。悲伤的时候，女人总是会流下眼泪。其实，流泪只是她们的一种宣泄行为，在哭泣的过程中，她们会将那种悲伤的情绪一股脑儿地宣泄出来。

女人为何有这么多眼泪？或许正验证了一句话："女人是水做的"。因为是水，所以才能清纯；因为是水，所以才能脱俗。流泪，是女人之所以为女人的基本素质之一，不需要任何理由。或许是伤心，或许是高兴，或许是为爱，或许是因恨，或许只是一种心情或姿态，或许什么都不是。从一汪清泉中汩汩而出，女人的眼泪可以是一种温柔的提醒，可以是一个善意的告诫，可以是一点淡淡的哀怨，也可以是一次不着痕迹的责备。总之，眼泪是女人灵性的表现。

手足无措
的不安

泪水，是源自人体情感世界的一种液体，纯洁无比。女人有着似水的柔情、如水的温柔，她们像水一样纯洁、轻盈。关于女人的眼泪，似乎已经流淌了几千年，女人伤心的时候会流泪，生离死别的不忍、天涯阻隔的思念、遥相牵挂的期盼……女人就像是啼血的杜鹃，总是将心中的委屈和悲哀通过泪水释放出来；女人高兴的时候会流泪，一个情感故事美好的结局、一次偶然的相遇、一句问候的话语……她们就像是善舞的红袖，将满怀的喜悦和感动通过泪水尽情挥洒。此外，女人在无助的时候，也会流下眼泪。

[实景再现]

邵彤认识了一个有家庭的、大她三岁的男人，名叫张强。张强告诉邵彤，在他婚后的三年中，婚姻生活并不快乐。虽然邵彤与张强认识时间不长，但两人在一起的时候总是开心快乐的。张强与他的妻子结婚五年了，但却迟迟没有孩子，因而很渴望能够跟邵彤有个孩子，然后再与他的妻子离婚，跟邵彤一起过简单幸福的生活。张强在社会上算是比较有脸面的人，所以离婚对他来说并不是一件容易的事情，但在邵彤面前，他再三强调自己坚决会离婚的。两个人在一起的时候，邵彤都很谅解张强，从不要求他做什么，也没逼过他，而张强却坚持想要一个孩子，这让邵彤很是为难，但事情还是发生了。

一次体检，邵彤发现自己怀孕了，当时，她惊呆了，觉得这个孩子来得太不是时候了，因为她的身体素质本身就不是很好，她很害怕失去孩子。张强则很惊喜，并对邵彤承诺："不管怎样都会要这个孩子，不管怎样都会和他妻子离婚。"其实，邵彤心知肚明：张强是个很普通的人，他之所以能够取得今天的成就，完全是靠他妻子家庭的帮助。所以，邵彤非常担心。尽管自己各方面的条件都还不错，还能够让孩子过上比一般孩子更优越的生活，但她也明白，这些都仅仅是物质上的，没有任何意义。虽然张强已经和妻子说过分开一段时间，好让大家冷静冷静，但肚子里的孩子是不能拖的，再过一段时间，如果不要这个孩子的话，就必须先去做掉，因为做流产也是有时间限制的。为此，邵彤很担忧，没有一点方向。想到自己肚子里的孩子和自己的将来，她感到好无助，眼泪簌簌而下。

面对一个有家庭的男人，面对一个尚未出世的孩子，邵彤更多的则是担忧，她害怕自己的孩子一出世就没有名分，她害怕张强就这样离她而去……这些都让她感到很无助，使她不知所措，因而就会想哭。她的眼泪是无助的，其中包含着许多情感。

女人总有流不完的眼泪，林黛玉流干了最后一滴泪，才有了她催人泪下的故事。正因为女人柔情似水，才有了众多红颜薄命的故事，才有了"别姬生离死别的泪水，让一世英雄霸王魂断江边"的典故。

[女人无助的眼泪，是心灵的一种宣泄]

"女人是水做的"，这话一点儿不错。在某些时候，泪水可以代表所有的语言、词汇，不需要说出来，就能够让人从中读懂一切。

女人流眼泪的时候往往是不需要任何理由的，对于女人来说，眼泪总是在想流的时候就肆无忌惮地流。女人总是在不快乐、受委屈、孤独、害怕的时候爱上眼泪，当被剧情里的悲欢离合感染时，她们会泪流满面；当听到自己心爱的人说的一句感动的话语时，她们会流泪；当郁闷无助之时，她们依然会流泪，所有的酸与痛以及内心深处的呐喊，都化成了泪水。

或许哭泣是女人发泄心中伤痛的最好办法，或许泪水可以给她们带来许多不为人知的安慰，或许哭泣是女人天生的本能，或许她们在哭过之后就会变得更加坚强，或许她们在哭过之后就会懂得什么是珍惜，什么是爱，什么是痛，什么是无奈。

感动的幸福瞬间

人生旅途中，我们总会经历许多事情，尤其是在感情方面，常常有一些伤感无奈或快乐幸福的事情，会让我们留下两行晶莹的泪水，这些泪水既有苦涩的，也有幸福的。当一个人降生的时候，都带着哭声，伴随着泪水，那是在向世人宣告一个新生命的诞生，那是幸福的泪水；而当一个人离开的时候，周围的人则在哭泣，因为一个生命的结束，那泪水里满含悲伤与难舍。但不管怎样，这些泪水都让我们看到了一份至纯至美的情感，知道那每一滴泪水中都蕴涵着一份感动和追忆。

"女人是水做的。"的确，眼泪似乎就是女人的专利。不管是伤心的眼泪，委屈的眼泪还是激动的眼泪，女人的眼泪都不会受到责备。泪水素来就与女人有缘，天生明眸，有雾气朦胧，便成就了幽谭一碧的美丽。女人的泪水不仅与伤心有关，与喜乐也有着很大的关系，这便是女人幸福的眼泪。男人做了一件让人感动的事情，女人会流下幸福的眼泪；男人说了一句海誓山盟的话语，女人会流下幸福的眼泪；婚礼上，女人会流下幸福的眼泪；当在产房中诞下幼子之时，女人同样会流下幸福的眼泪……从某种程度而言，她们的眼泪就像是一笔宝贵的财富。

[实景再现]

一天，女孩鼓足勇气对男孩说："我们分手吧。"男孩问："为什么？"

女孩答道："倦了，就不需要任何理由了。"男孩听后，坐在那里只抽烟，不说话，女孩的心也越来越凉，她心想：连一句挽留的话都不会表达的人，还能带给我快乐吗？许久之后，男孩才忍不住说："怎么做才能让你留下来？""回答一个问题，倘若你的回答跟我心里的答案一样，我就留下来。"女孩接着说道："如果我很喜欢悬崖上的一朵花，而你去摘的结果是百分之百的死亡，你会不会去摘呢？"男孩想了一会儿，说："明天早晨再给你答案，好吗？"一时间，女孩心灰意冷。

第二天早上醒来，女孩发现男孩已经不在，只留下了一张写满字的纸压在温热的牛奶杯下。女孩拿起纸，当看到第一行"亲爱的，我不会去摘"时，她的心一下子凉透了。她继续往下看："但请容许我陈述不去摘的理由。你只会用电脑打字，却总是把程序弄得一塌糊涂，然后对着键盘哭，所以我要留着手指给你整理程序；你出门总是忘带钥匙，我要留着双脚跑回来给你开门；你喜爱旅游，却在自己的城市里还会常常迷路，我要留着眼睛给你带路；你不爱出门，我担心你会患上自闭症，因此我要留着嘴巴驱赶你的寂寞；你总是盯着电脑，所以视力不太好，我要好好活着，当你老的时候，要给你修剪指甲，帮你拔掉让你懊恼的白发，拉着你的手，在海边享受柔软的沙滩和美好的阳光，并告诉你浪花的颜色……所以，在我不能确定有人比我更爱你之前，我不想去摘那朵花。"

看完之后，女孩的眼泪大滴大滴地落在纸上，擦掉眼泪，她继续向下看："亲爱的，如果你已经看完了，还满意这个答案的话，就请你开门吧，我正站在门外，手里还提着你最喜欢吃的鲜奶面包。"女孩飞快地去拉开门，看见男孩的脸紧张得像个孩子一样，男孩把拿着面包的手在女孩眼前晃着，女孩的眼泪再次流出。

相信每个人看完这个故事，都会为之动容。从男孩的心中，女孩感受到了那份真挚的爱，她流下的既是喜悦的泪水，也是幸福的泪水。或许这就是爱情，一句朴实的话语、一个简单的动作都能让恋爱中的女人幸福地哭。

女人高兴的时候，会流眼泪，那是喜极而泣的泪水，一句温暖的话语，一份喜悦的心情，一件男人在寒风中披在她身上的外套，都会让她流泪。她会因为感觉到男人对她深深的爱而感动、高兴。

[幸福的眼泪，是女人心灵脆弱的表现]

眼泪，是女人的特权，女人的风情，女人的快乐，女人的天赋。女人对流泪无师自通，女人的眼泪不请自来。其实，女人流泪，是一种情感的宣泄，如同洪水般倾涌出，这便是她们情感最好的写照。

女人天生就爱流眼泪，先有林黛玉泪尽而亡；又有孟姜女哭倒长城。其实，有些时候，流泪并不是因为悲伤、失望，而是因为突然感到很幸福。正如一个人笑，并不能表示他很快乐。幸福时的哭泣属于一种情感的表达，而情感的表达，必定流露于心声，是对自己内心世界的表达。幸福时的哭泣，往往都是默默地流泪，是面带笑容的泪。

幸福，是心灵的一种震撼，是人性最崇高的表现。当一件事能让人幸福到流泪时，它必定触动了其最敏感的感情神经。当人感到幸福的时候，心中便充斥着一种难以言喻的激动情绪，此时，用眼泪来表达这种情绪，便是一种真性情的流露。

幸福的眼泪是女人心灵脆弱的表现。泪水不多，只在眼中闪着泪花，兴奋之情溢于言表，那眼中的泪水，犹如一颗颗跳动着的音符，其实这就是女人对心灵的释放。笑中有泪，一时间诸多难以表达的复杂感情，全部都凝聚在这夺眶而出的泪水之中了。

痛苦无望的忧郁之情

忧郁，是由痛苦、哀愁、无奈等淬炼而成的人生情感，是由岁月郁积成泪水，再将泪水慢慢沉淀于心底的过程。

忧郁是女人的酒，有些女人沉迷在忧郁中，正如一些男人沉迷在酒中一样。女人忧郁，是因为她们遇到了不幸和痛苦的事情，女人的忧郁是痛苦无望的，她们不喜欢自己的忧郁，但她们还是会为此而哭泣。

[实景再现]

女人的一生都需要经历三大阶段——恋爱，结婚，生孩子。有些女人在人生旅途中会走得非常顺利，而有些女人则比较坎坷。

有一个女人，她原本应该是很幸福的，因为她有一个很温馨的家庭，有一个很爱她的丈夫，也有一份令很多人美慕的工作，可以说，她一直都过着无比幸福快乐的日子。但是，随着她的怀孕以及后来孩子出世，忧郁的心情始终伴随着她，她也就这样过着郁郁寡欢的日子。或许没有人能料到，造成这一切后果的原因是：女人没有在怀孕时期向她所在事业单位的工会主席和妇女主任报告，因而冒犯了不可一世的女领导，所以接下来的日子也就不好过了。生完孩子后，单位没有人前来看望她，就连分娩的费用也没有报销的可能了，更可悲的是，她连一句普普通通的关怀的话语都没有听到。所以，女人感受不到集体这个大家庭的温暖，她对领导的态度感觉十分寒心，虽然她工作还是尽心尽力，但身心已经受到了很大的创伤，并且在无形之中感觉到有了很大的压力。每每想到这些，女人就会变得很忧郁，进而流下伤心的眼泪。

故事中的女人会忧郁，是因为太苦闷。命运的不公，总是让女人无法释怀，让她们愁到骨子里。女人忧郁的时候，常常都会若有所思地走着，即便身边有一个伴，她们也总是活在自己的世界里，一副冷漠的表情，似乎是行走在现实和自我的边缘。

女人之所以忧郁，是因为她们有着更高的追求和期待，是因为她们认为自己与凡夫俗辈不同，是因为她们心中都有一个最美好、最浪漫的梦想，而在这个极其平凡的世界里，这个最美好的梦想是很难实现的，因而她们就会忧郁地流眼泪。

[女人忧郁的眼泪，是一种情感的压抑]

人们说"女人是水做的"，那是因为在他们的心目中，女人都应该有似水的柔情。女人是水，当她真正爱上一个男人的时候，她就会像水一样，涓涓细流，绵绵流长；同时，她又会像水一样澎湃，让自己的情感肆意地流淌，无孔不入，好像要将爱人身上的每一个毛孔都注满，让他永远爱着她。

忧郁总喜欢在女人心中最柔软处扎根，因为它早已洞彻了女人内心深处的秘密。女人的心思是极其细密的，容不下太多杂尘；女人的情感是极其脆弱的，禁不起太多风雨。女人总是把自己打磨成一块玉石，让通体呈现出一种优雅的姿态；女人总是把自己雕琢成一叶扁舟，她们只想在最深爱的男人心海里自由地航行，畅快地呼吸。

忧郁是女人心中的一片云，是一抹挥之不去的淡淡愁绪。女人流下忧郁的眼泪，是一种对真爱的渴望，是一种情感无法宣泄的压抑，是一种风雨中无助的彷徨和凄迷。

[事与愿违
的失望]

"女人付出的越多，对男人的要求也就越高。女人为此断送了自己的后路，而男人却由此被逼上一条绝路。"从某种角度而言，这句话也有着一定的道理，尽管并不适合现在的年轻人整日把它挂在嘴边。

总的来说，与男人的爱相比，女人的爱稳定而又厚重。当她付出越多的时候，渴望得到的就会越多，对男人的要求也会越加严格。虽然她们口口声声地称自己的付出是心甘情愿的，并不需要任何回报，但在内心深处，又有谁不渴望拥有较高的回报率呢？然而，结果却仿佛总是事与愿违。当男人被要求得较多时，一旦他觉得自己负担不起，便开始听天由命、破罐子破摔。于是，女人便逐渐对其失望，并流下失望的泪水。

[实景再现]

在一个不经意间的傍晚，女孩认识了男孩，并一眼喜欢上了男孩那种稳重而又深沉的表情，还有那双圆溜溜的大眼睛，更重要的是那个似曾相识而又令她无比怀念的面庞。这一切足可以在女孩平静的心里泛起阵阵涟漪。

第一次与男孩接触，女孩没有想到男孩会如此热情，他们似乎有一种相见恨晚的感觉。这令女孩再也按捺不住心中的那种朦胧感觉，一下子掉进"爱"的泥潭之中。刹那间，女孩浑然不知挣扎，反而显得更加从容，天真地以为自己能够抓住一根救命草。一次又一次的交往，使女孩总想刻意了解男孩，却无法穿越男孩所设置的物障。男孩的若即若离令女孩感到犹豫不定，对于这些障碍，女孩只是把它们视为一个个挑战，甚至一个过程。毕竟在通往爱情的道路上，难免会有一些猜忌或不信任，此后才会拥有相互搀扶的机会。男孩的稍微沉默也会令女孩有一种不安的感觉，她有时也会暗暗地想：或许他对自己只是朋友之谊，别无他意；或许他已经拥有自己的女朋友，像他这样优秀的男孩有女朋友再为正常不过……但这些想法总是一掠而过，或因为男孩的某句话语不攻自破。

有时，女孩也会在男孩面前略表自己的心思。虽然不是赤裸裸地示爱，但也是一眼明了的。奇怪的是，男孩既不正面回答，也不婉转拒绝，于是，女孩只好把希望寄托于时间老人身上，并祈求他老人家能够怜惜自己。

时间久了，男孩与女孩之间似乎无话不谈。女孩觉得时机已经成熟，便主动约出男孩。令她感到喜出望外的是，男孩居然欣然同意。为此，女孩兴奋不已，一切竟是这样顺理成章，曾经的忧虑仿佛有些杞人忧天。女孩整理好一切，等待着爱的天使降临。时间老人依然在一步一步地蹒跚行走，终究还是走到了那一站。

男孩迟到了，迟到的令人有些心寒，女孩不禁胡思乱想……时间老人已奔至它的下一站，女孩的下一站却更迷茫，甚至有些令她不知所措。刹那间，手机的响声打破了身边的沉静，女孩积聚在心中的勇气顷刻间崩塌了。在失望面前，一切仿佛均是摇摇欲坠的枯叶。男孩简单地说女朋友找他有事……下面的内容是什么，女孩已无力再看，她的泪水顺着脸颊滚落下来。此时的她才深深明白：原来由始至终，她一直是在自作多情；原来男孩的所有沉默均是无言的否认……

在这个故事中，结局似乎早已注定，再多的言语都是无用的。它仿佛只是一场没有情节、只有结局的悲剧，是该可悲抑或可笑，均已不再重要。在某些境遇下，真实的答案会比遗憾使人受伤更深，而且还夹杂着些许失望。有些时候，朦胧的感觉并不是一种难能可贵的真爱。

花开花落，春去秋来，对于女孩来说，时间的流逝并不能冲走曾经拥有的期盼，然而，男孩与女孩却是两条永远没有相交点的平行线。命运仿佛总是在与人们开玩笑，月老的红线明明已牵在他们的手中，可事与愿违的却是他们并不能由此携手走向未来，留下的仅仅是女孩失望而又难以咽下的泪水。

[女人为何会对男人失望而流下泪水]

或许我们应该尊重这样一个事实：在21世纪，真正幸福美满的婚姻并不是太多。失去幸福的原因并非幸福日趋减少，而是幸福日益增多。物质生活逐渐得以满足，精神追求上升至一定高度，对幸福的要求不断增加，这原本是一种社会进步的标志，但随着离婚率的攀升，婚姻的安全度下降，婚里婚外的女人时常挂在嘴边的话语就是"男人没有一个好东西""我对男人彻底失望了"！与此同时，她们还会不时地擦拭着浮在眼角的失望之泪。为何会出现这一情形呢？

女人之所以会为男人流下失望的泪水，原因是出于多个方面的，比如，男人的生活习惯不好；男人的形象猥琐不堪；男人整日无所事事、碌碌无为；男人对女人"吃着碗里的望着锅里的"等。但关键因素则是，无论哪个女人，均对自己心目中的王子带有诸多期许与幻想，抱有较大的希冀与重望，但事实上，并非所有的男人都能满足女人的要求，并非所有的男人都能达到女人所向往的程度。

就这样，女人便对男人感到不满或甚为失望，她们总是渴望自己像调酒师或饲养员那样，能够物色较好的"猎物"并对其加以圈养调教。或许有些"猎物"既乖巧又听话，但作为男人的他们也有情绪，毕竟每个男人都拥有着自己的个性，拥有着自己的思想，拥有着自己的处世法则与择偶标准等。倘若女人总是像饲养宠物那样去对待男人，那么，这只宠物迟早也会奔向别的主人，到头来，即使女人为此埋怨男人是当今的陈世美，自己是无私的秦香莲，也是无济于事的；即使女人为此流下失望而又苦涩的泪水，也难以达到心中的既定目标。对于女人而言，与其如此，还不如凡事放开一些，不要对男人过于"挑剔"。

眼泪是
委屈的释放

女人的眼泪是泛滥的，看爱情电影的时候会哭，看悲剧小说的时候会哭，感到寂寞时会哭，受了委屈还会哭，即便是第一次提着行李离开家，坐在汽车上的时候依旧会哭。

"太委屈，连分手也是让我最后得到消息，不哭泣，因为我对情对爱全都不曾亏欠你，太委屈，还爱着你你却把别人拥在怀里……"陶晶莹的这首《太委屈》唱出了许多受委屈女人的心声。

当女人有了心爱的男人后，就会抛开所有的骄傲，一心经营着两人的爱情，把男人当成太阳，而自己则像月亮一样围着太阳转。冷了，给他添衣；饿了，就给他做饭，即使自己不会做，也要偷偷去学，只是为了给男人一个惊喜。男人想要什么，只要坐着张张嘴，女人就会马上把东西送到眼前。有着这么多的付出，如果男人不顾及女人的感受，女人则会感到很委屈，一旦受了委屈，往往就会流眼泪，以此来发泄自己内心的痛楚。

[实景再现]

叶子和丈夫田平结婚几年了，刚开始还好，但慢慢地，田平总是因为工作忙而无暇顾及叶子。田平是某公司的业务经理，一次，他又提着行李，说是要出差几天。眼看着他的身影消失在街角，叶子的内心一阵失落，感觉丈夫好像不会再回来了。

回到家后，叶子一个人抱着睡枕蜷缩在沙发上，静静地想了一夜，此时的她感觉窗外的夜色是那么的美。想起丈夫，再想想自己，她委屈地流下了久违的眼泪。泪眼朦胧中，她翻开日历，再过两个月就是他们的结婚纪念日了，五年前，囊中羞涩的田平曾对叶子说："等我五年，结婚五周年纪念日那天，我一定会给你买一枚钻石戒指。"

不知从什么时候开始，田平抽烟抽得特别厉害，每天回家，他都一语不发地任凭烟雾笼罩在他们之间。久而久之，叶子开始看不清田平的脸，摸不透他的心，隐隐约约地感觉到好像有什么和以前不一样了。但她依然安慰自己说："谁都会有想独自清净一下的时候吧，或许是他工作压力太大。"每当想到这些，叶子就会更加精心地照顾田平。

又是一个田平加班的日子，叶子一人呆在家里，却止不住地心里发慌，刚结婚时，田平绝对不会频繁地把她一个人丢在家里。这时，音箱里传来了陶晶莹的声音："太委屈，连分手也是让我最后得到的消息……"这一次，原本就觉得委屈的叶子听到这么有共鸣的歌声，眼泪瞬间决堤而下。

女人柔情似水，所以就注定了女人天生爱流眼泪。据说女人的前世是花，而花是需要浇水的，前世浇了多少水，今生就要流多少眼泪。女人高兴的时候会流泪，但女人流泪的时候大多都很悲伤，她们认为自己很委屈。当女人受了委屈无处发泄的时候，便会采取流泪的手段，以排遣心中的委屈。

[女人委屈的眼泪，是为了寻求内心的平静]

女人的眼泪总是会为爱情而流，女人是天生的爱情动物，她们把爱情当作生命中最重要的东西。有首歌唱得好："为什么要对你流眼泪，你难道不明白是为了爱？只有那情人的眼泪最珍贵。"曾经有这样一个故事：一男生莫名其妙地对交往中的女生说："你忘了我吧。"女生听后，"哗"地一下哭了，这一哭，男生被感动了，就继续与女生交往下去了。可见，女生的眼泪有着无穷的魅力。

女人爱流眼泪，流泪似乎天生就是她们的权利。女人流泪时，不管是在什么场合，不管有多少人，都不会引起诧异。小声啜泣、大放悲鸣或者泪流满面，仿佛都是很自然的事情。男人受了委屈，常常都会自动寻找一种方式发泄，如借酒消愁，但这一方式并不适合女人。如果女人受了委屈，选择在酒吧里喝得烂醉，那么形象会很不雅，同时也糟蹋了上天赐给女人的美丽。所以，女人总是会选择流泪，因为泪水会将她们心中的委屈和不安以物质的形式带走，给她们留以清洁后的沉淀和平静。

难忍的
心中怒火

愤怒是一种较为强烈的情绪，对女人来说，当看到自己的心仪对象与别的女孩牵着手共同逛街时，当看到心中的他与别的女孩有说有笑而置自己于不顾时，当看到自己一直深爱的他无缘无故地投入别的女孩的"怀抱"时……她们就会不由自主地流下愤怒之泪。

［实景再现］

二十几岁的雅菁几年前与一位名叫李然的男教师走上了婚姻的红地毯，李然谈吐文雅，品貌俱佳。婚前，他们的爱情谈不上轰轰烈烈，但婚后的日子还算不错。白天，他们各上各的班，下班后则一起做饭、吃饭、逛街、看电影，那时，雅菁觉得自己的一生有了依靠。几年后，他们想要一个孩子，为此，他们就下定决心要做好充分的精神和物质准备。首先，夫妻两人配合好，要保证双方状态最佳。为了做好准备，雅菁整天都忙着搜集资料，看书学习，并且加强营养。谁知，李然在这个时候竟然三心二意起来，他在家里的时间越来越少，即便回到家，也常常会躲在卫生间接打电话。雅菁是个很单纯的女人，平日很少会过问丈夫的行踪，但丈夫经常这样，她也必定会感到不高兴。对此，李然解释说："为了给未出生的宝宝创造更好的物质条件，我不得以在外面做了一份兼职，还揽了两份家教，这些电话都与挣钱有关。"听了这样的话，雅菁也就没再多想。

一次，雅菁提前下班，拿钥匙开门的时候，突然发现门被反锁了。雅菁觉得很奇怪，于是就开始敲门，声音由轻而重，但里面却始终都没有任何回应。雅菁以为家中发生了什么意外之事，便打算要报警，就在这时，门突然开了，雅菁一眼就看到神色仓皇的丈夫身后站着一个头发凌乱的女孩。没等雅菁看清楚，女孩就一溜烟跑了出去。

一时间，雅菁怔住了，没有一丝心理准备的她呆呆地跟在丈夫身后进了屋，看到床上下陷的枕头和未伸展的床单，雅菁很快就意识到刚才发生了什么。看着眼前的丈夫，她没有说一句话，愤怒的泪水止不住地流了下来。

在现实生活中，由于种种原因，男人"出轨"的现象很多。故事中所描述的景象也是酿成夫妻冲突的场景之一。对于不计其数的女人来说，在一般情况下，她们都不会生气，只会伤心；她们并没有任何脆弱的表示，唯一表达情绪的方式就是以泪水映照心中的愤怒。如同故事中的雅菁和李然那样：当雅菁忙着学习、忙着搜集资料，以更好地为受孕做准备时，李然却借兼职为名躲在卫生间接打电话，甚至极少回家；当雅菁在不经意间提前下班时，李然却与另外一个女孩不清不楚……或许他并没有意识到，在自己逍遥自在的时候，妻子却伤心无比；在自己沾花惹草的同时，妻子却异常愤怒。面对这一状况，雅菁只有无可奈何地任由愤怒的泪水肆意流淌。

愤怒是人类情感自然而又真实的表达，而女人却习惯于把愤怒的情绪压藏心底，以伤心来掩盖它，长期下来，极易成为抑郁症的受害者；而对于习惯女人这一行为的男人来说，将会难以适应她的情感变化及其各种需要。

［女人愤怒的眼泪，只是出于对男人的迁就］

对于恋爱中的两个人而言，究竟应该男人迁就女人，还是女人迁就男人？并没有具体的答案。但毋庸质疑的一点是，如果女人一味地迁就男人，就说明她更爱对方。这时，男人越是对她感到无所谓，她就越是放不开；她越是迁就男人，男人反而更加无所顾忌。当男人做出对不起自己的事情时，为了能够"执子之手，与子偕老"，她宁可在心底愤怒地呜咽，也不愿公开对其加以指责。

男人应该了解，女人所需要的并不是她的丈夫有多强大，而是他是否能够敞开心扉，与妻子分享自己的真实感受。当女人流出愤怒的眼泪时，也是其表达自己内心感觉的时候，它所表达的内容，不仅囊括了自己的愤怒情绪、自己的主观愿望与自己的某种需要，还出于对男人的一番包涵与迁就。

07

女人眼泪
的源头

　　女人为什么哭泣？这个问题看起来很简单，但实际上却是错综复杂，不是三两句便能说清楚的。大多数人都认为，女人都是脆弱的，一场重大事故所带来的打击足以将她们摧毁。但实际情况却是，大多数女人都能够安然承担下来。反倒是在一些小事情上面，她们往往容易掉眼泪，如收到了一束鲜花，心爱的人为自己精心准备了一顿晚餐等等，看似举手之劳却足以让她们的"泪海"决堤。男人们不禁要问："女人究竟为什么哭？"

对感情专一的
自我和他人要求

"吃醋"一词，在现代汉语里是指男女关系中因嫉妒而产生的"心酸"。由于醋的滋味是酸酸的，嫉妒之"味"也是酸酸的，因而男女相恋时，一旦有第三者介入，通常就会发生争风吃醋的现象。说到吃醋，有这样一个故事：据说当年唐太宗李世民想要给房玄龄纳妾，房玄龄婉言谢绝了。太宗便问其原因，房玄龄答道："即使承蒙圣意，家中发妻也不会善罢甘休。"太宗则发话："朕宣她进宫，当面要她答应。"于是，太宗摆好一桌酒席等候房夫人的到来。房夫人到来后，太宗指着酒盏说道："朕意已定，要给房玄龄纳妾。夫人若执意不允，你面前是一杯毒酒，朕赐你一死。"房夫人听后，面无惧色，接过"毒酒"含泪一饮而尽。结果并未丧命，太宗见状，忙笑道："朕赐给你的本是一杯陈醋也。"从此以后，太宗再没有提给房玄龄纳妾一事。于是，"吃醋"的故事也就此流传开来。

古龙前辈曾说过这样一句话："世界上不吃饭的女人还有几个，而不吃醋的女人一个都没有。"在爱情的字典里，吃醋是最通俗易懂的一个词。大凡女人都会吃醋，因为这是女人的天性所致，女人天生具有很强的依赖心理，这也注定了她对男人的看守是无微不至的。女人一旦吃醋，就会伴随着眼泪。

[实景再现]

有一对夫妻，妻子是个"醋坛子"，经常会为一些小事莫名其妙地吃醋，并且为此哭泣。一次，妻子无意之中发现丈夫手机上有一条短信，是一个署名为"静"的女人发来的，字里行间都蕴涵着某种思念之情，正是这条小小的短信，当场就激发了妻子的醋意，妻子哭得很伤心，不管丈夫怎么解释，她都听不进去，最后一个人跑回了娘家。

还有一次，妻子在网上无意间看到了丈夫的聊天记录，时间一长，就发现丈夫总是固定的与一个名叫菲雪的女人聊得很投机。于是，她就去问丈夫，丈夫说是玩游戏时认识的一个人。从那以后，妻子就总觉得丈夫在聊天时有意无意地想要避开她，出于好奇心，妻子便坐在丈夫旁边不走，结果竟然发现丈夫说要那个女人在网上做他老婆，当时，妻子无名火不打一处来，并且哭得稀里哗啦，说丈夫一点都不在乎她……

面对妻子的种种举动，丈夫也很无奈，回想结婚以来，因为妻子的"严管"而丧失了自己许多自由，甚至连与女邻居多说一句也不行，于是，他决定分手，虽然妻子不愿意，但他还是去意已决。直到后来，经历了一些事之后，丈夫才发现吃醋的妻子是很在乎他的，"吃醋"是妻子是对他的一种爱。

当女人投入到一段恋情中的时候是最脆弱的，因为她始终在用自己全部的爱去爱着对方，男人一个小小的举动都或多或少的会影响到她的情绪。

其实，世界上并不存在不吃醋的爱情，在爱情上，"醋"不仅是调味品，还是营养品，通常情况下，醋的浓度与爱的强度是成正比的。女人都爱吃醋，但她们的吃醋是不怀任何恶意的，而且是爱的独特表现。虽然吃的是醋，但亮出来的却是爱。女人因为吃醋而哭泣，说明她非常在乎自己的爱人，这是她爱的一种体现。

[女人因吃醋而哭泣，代表着一种爱]

恋爱中，大多数女人都泡在醋坛子里，因为她要牵着他的心，要得到他的爱，醋劲越大，说明爱得越深。女人若爱一个人，就会倾心地缠着他，有时恨不得将对方拴在自己身上，可是往往拴住了也总是不放心。其实并不是女人心眼小，而是因为女人向爱人表达爱的方式会使自己显得心胸狭窄、不含蓄，稍有风吹草动就会醋劲大发。女人吃醋时，对自己爱的人说着说着就泪水涟涟，委屈得像风雨中飘摇的小花，更有甚者，往往会双手捂住脸，号啕大哭，大有"孟姜女哭长城"的豪情。女人总是能将吃醋演绎得淋漓尽致，因为一点小事而导致花容大变，轻则面无表情，不声不响，但事事都和你作对；重则大动肝火，泪如泉涌。其实，这些都是爱对方的表现。

女人因为吃醋哭泣，而且宁死不改。说到底，就是女人对爱情专一的同时也要求对方同样专一。女人因为吃醋哭泣，就表示那个人是她可以爱护终身的人。

内心柔软，容易被感动

流泪，是女人特有的一种表达感情的方式。她们说哭就哭，如同说笑就笑那样容易，仿佛信手拈来，不需要任何理由。

与男人相比，女人的泪腺似乎尤为发达。当收到男人的鲜花时，她会用眼泪来表达自己的感谢；当听到男人山盟海誓的话语时，她会用眼泪来表达心中的兴奋；当男人在身旁陪伴她以驱走寂寞时，她会以眼泪来表达自己的满足……总而言之，女人会为了一件小事、一朵玫瑰、一条短信、一句甜言蜜语而感动得热泪盈眶。

有人说眼泪是女人的武器，也有人说女人柔情似水，宛如小河中潺潺不断的流水，或许正是河流孕育了女人的美丽，才有了惊世骇俗的沉鱼落雁、闭月羞花之说；正是由于女人的美从女娲补天开始代代流传，才有了国色天香的四大美女之说。

[实景再现]

曾有这样一对情侣，女孩既漂亮，又善解人意；男孩既聪明，又很懂事，最重要的是其幽默感较强，总能找到逗女孩发笑的方式，女孩也很喜欢男孩这种乐天派的性格。她们一直相处得不错，女孩说男孩像自己的亲人，男孩对女孩爱得更深，尤其在乎她，每当吵架的时候，男孩都会说是自己不好，即使有时候真的不怪他，他也会这么说，因为他不想让女孩生气。

一个周末，女孩出门办事，男孩原本打算去找女孩，但一听说她有事，就打消了这个念头。他在家中呆了一天，没有与女孩联系，因为他觉得女孩在忙，自己不该去打扰她。谁知女孩在忙的时候依然想着男孩，一天没有接到男孩的消息，很是生气。晚上回家后，便给男孩发了条信息，话说得很重，甚至提到了分手，当时是晚上12点。男孩心急如焚，连续打女孩手机，但都被挂断了，打她家里电话也没人接，他猜想是女孩拔掉了电话线。男孩连忙抓起衣服出了门，他要去女孩家，当时是12点25分。12点40的时候，女孩又接到了男孩的电话，但又挂断了，之后，男孩再没有给女孩打电话。

第二天，女孩接到男孩母亲的电话，电话那边声泪俱下，原来男孩昨晚出了车祸。警方说是由于车速过快导致刹车不及，撞到了一辆大货车，救护车到的时候，人已经不行了。

女孩来到事故现场，当她拿起男孩手表的时候，赫然发现，手表的指针停在12点35分。霎那间，女孩明白了，男孩在出事后还在用最后一丝力气给她打电话，而她却因为赌气没有接，男孩也就无力去拔打了。女孩也明白了，世界上不会再有人比这个男孩更爱她了……想到这些，女孩泣不成声，流下了感动的泪水。

在这个故事中，男孩带着对女孩的无限眷恋与内疚离开了人世。或许女孩永远都不会知道，男孩想对她说的最后一句话是什么；或许女孩深深地明白，在这个世界上，不会再有任何人会比这个男孩更爱她。她不仅仅挂断了电话，还挂断了一份值得倍加珍惜的爱情，最后只能流下感动的泪水。

在某些境遇下，女人的泪水可以代表所有语言、词汇，能够使人从中懂得一切。

[女人由于感动而哭泣，是源于自己的本能]

女人的感情脆弱，或许在一些男人看来，女人总是喜欢莫名其妙地流泪：伤心的时候流泪，高兴的时候流泪，感动的时候也流泪，似乎并不明白她为何会情不自禁地流出那么多液体，犹如黄河之水，无穷无尽。当然，夏虫不可语冰，白天不懂夜的黑，对于习惯坚强的男人而言，眼泪是弱者的代名词，他们并不明白女人为何会拥有如此之多的泪水。

事实上，女人之所以由于感动而哭泣，纯粹是源自她与生俱来的一种本能。女人是容易被感动的，一句温柔的"我爱你"，一个甜蜜的吻，一次浪漫的约会，一支美丽的玫瑰，一个有力的拥抱，一顿男人亲手为她所料理的美味佳肴，一次全身心的灵肉合一……均会为她留下美好的回忆，使她禁不住流下泪水。女人是容易满足的，只要你平日多用心体贴她一下，多倾听一下她的忧伤与烦恼，适时为她制造一些惊喜，她就会感到自己是被深爱的、异常幸福的。一位哲学家曾这样说过："女人的美，既不在她的服饰，又不在她的形体，也不在她梳理头发时的婀娜，而在她的那双眼睛，那是心的一扇门，里面住着她的爱……"因此，对于男人来说，在不断呵护女人的同时，还要珍视她那点滴由于感动而流下的眼泪。

胡思乱想，
缺乏安全感

女人是水做的，自古以来，哭泣似乎就已成为女人的专利。女人是一种很感性的动物，一旦看到感人的电视节目，看到感人的画面，听到感人的故事，就会忍不住掉下眼泪。

很多时候，女人总是会不知不觉地掉进多愁善感的漩涡中，无法自拔。多愁善感对于男人来说，只是一种无聊的情绪，而对女人而言，这种情绪无时不有，无处不在，无孔不入。可以说，女人天生就是多愁善感的动物。

女人特别容易对自己周围的环境产生一种不安全的感觉，这种感觉会随着周围人的言语进行传播，愈演愈烈，这样，也就加剧了她们的不安全感。

[实景再现]

晓玲是一名公司职员，一直都比较内向，心思细腻，敏感多疑，常常会有许多与她年龄不相符的想法。她特别喜爱看一些文艺书刊，尤其是言情小说，书里面那些感人的故事常常使她热泪盈眶。父母觉得晓玲过于孤僻，但也都能表示理解，毕竟是女孩子，文静内向、爱看书、多愁善感，这些都没什么。

一次，晓玲在书店买了一套《红楼梦》，书中贾宝玉和林黛玉缠绵的爱情纠葛，宁、荣二府尔虞我诈的人际关系以及一个个爱情悲剧，都令晓玲难以忘怀。她常常自觉不自觉地将书中的人、事与现实生活联系起来，特别是林黛玉的悲剧，更加让她难以释怀。不管是在喧闹的白天，还是在寂静的子夜，晓玲的脑海里总是会浮现出林黛玉的形象。她既为林黛玉的悲剧而哭，也为林黛玉短暂的快乐而笑；她一遍又一遍地为林黛玉设计许多未来和可能。每当想到自己，她又会常常暗自流泪，长叹不已，有时还莫名其妙地痴痴傻笑。她的一个朋友给她取了个外号：21世纪的林黛玉。总之，晓玲常常捧着书本一时哭哭笑笑，一时又自言自语，自怨自艾。后来，不管是在什么场合，她都会当着很多人的面儿号啕大哭，好像受了莫大的委屈，身边的朋友都以为晓玲受了什么委屈，好心劝慰，而晓玲却什么也不说，反倒更加伤心了。

在看书的过程中，晓玲总是不自觉地将自己的感情全部投入进去，以至在情感的世界里迷失了方向，分不清现实和虚拟世界的界限。她把虚构的人物当成实际人物，把个人的想象当成现实，可以说，她的心思全被《红楼梦》占据着，以至于沉浸在书中不能自拔。因而当她在虚拟的感情世界里飘荡时，在现实的社会中就表现为情绪上的变幻莫测。这主要就是由她过于多愁善感的性格所致。

女人，似乎就是比较喜欢感伤，见到什么花落流水，想起一些伤心事，便会锁紧眉头，变得尤为感伤，就会哭泣，犹如一个易碎的娃娃，希望有人小心呵护着。

纵观古今，有多少英雄都折于女人裙下，其实这并不是因为女人的美貌，而是他们都被女人的多愁善感所吸引。大家应该都知道《红楼梦》中的林黛玉，她就是一个典型的多愁善感的女人，她有着倾国倾城的美貌和多愁多病的身体，如此一个有才华的女子却处处洋溢着愁情，葬花一幕，使人见之心疼，最后为情而死。相信再猥琐的男人看到了那一幕，也都会有一股英雄气概，想挺起自己的胸膛去保护她。

其实，历史上许多文人墨客大都是多愁善感之人，因为多愁善感的人对人和事感受入微，比较注重细节，才能写出那些精粹的情感文章。中国文学史上最伟大的女词人李清照，才情极高，才调绝伦。正因为多愁善感，她才写出了"东篱把酒黄昏后，有暗香盈袖。莫道不消魂，帘卷西风，人比黄花瘦"这样的词句，吸引着众多人；宋代的朱淑实乃一位才貌出众、善绘画、通音律的才女，也因多愁善感，作出了"夜久无眠秋气清，烛花频剪欲三更。铺床凉满梧桐月，月在梧桐缺处明"的诗句。

[女人因多愁善感而哭泣，是性格所致]

女人天生就有一些莫名的情绪，比如原本很有朝气，突然之间就眼泪汪汪。不管是在戏剧文学中，还是在现实生活中，女人往往都喜欢将自己设计成一个多愁善感的女主角，然后便会越来越感伤，直到分手的发生。然而在分手后，他们又会更加感伤，她们习惯于将所有的错都归结在男人身上，于是暗自哀叹自己的苦命。男人往往是最无辜的受害者，他们往往到结局发生的时候还搞不清楚造成这种结局的原因。

女人总是把自己对生活的渴望和幻想融入自己的情感世界里，她没有办法使自己摆脱爱与被爱，剪不断理还乱，已经成为了一种惯性，进而演绎为一缕伤感与哀愁。

多愁善感的女人，具有小女人的情怀，她既为自己而悲，也为自己而喜，她喜欢触景生情。看着云卷云舒，她会感叹；看着花开花落，她会惆怅；读着苏轼的"但愿人长久，千里共婵娟"，她也会感叹；她有着幽幽的情怀，有着浅浅的思念。但是，不管是落泪感叹，还是伤感惆怅，一切过去之后，她依然会满怀热情地投入到现实生活中去，她始终都会明白自己在生活中的定位。

　　总体来说，女人因多愁善感而哭泣，完全是性格所致。多愁伤感的女人具有独特的韵味，情感丰富却不会滥用，心思细腻但不会烦琐。在她们身上，你会发现有一种优雅，有一种凄美，有一种高贵，有一种脱俗。

感情危机的
试图挽留

你是否看过古天乐、甄子丹与梁咏琪合拍的《恋情告急》？在这部影片中，古天乐和梁咏琪是一对令人羡慕的情侣。然而，在情人节那天，由于古天乐不懂得浪漫，令梁咏琪伤透了心，两个人的感情也随之出现危机。为了追回自己的女朋友，古天乐向从没谈过恋爱的蔡卓妍学习浪漫。在这部影片中，蔡卓妍饰演的是一个爱情专家的角色。在古天乐学习"浪漫"期间，一位从国外归来的富商甄子丹开始向梁咏琪求爱，甄子丹不但仪表堂堂，而且在钢琴方面颇有天赋，那十足的浪漫足以令梁咏琪动心。但最终，古天乐还是极力挽回了女友梁咏琪的心。

在恋情告急的时候，男人能够用自己的深爱博得女友的心，以恢复彼此最初的甜蜜爱情，而女人却会选择在偏僻的角落里默默哭泣。

[实景再现]

姗姗和刚子相恋了，两个人实可谓"落花有意，流水也有情"。一年后，两人携手一起走进婚姻的殿堂，然而，矛盾也由此开始发生。姗姗习惯把家里整理得干干净净，而刚子一下班，就喜欢倒在沙发上看电视，外套、文件包扔得到处都是。起初，姗姗总是由于这些小事而说刚子的不是，为了不惹姗姗生气，刚子也逐渐有所改变，但"江山易改，本性难移"。没过多久，他又开始把眼镜、档案袋、裤子、鞋子等随处乱放。

在看电视的时候，刚子喜欢抱着体育频道不放，而姗姗却想看一些其他节目，于是，一个人守着电视，一个人"抱"着电脑，长期如此，两个人不能继续享受同在一起的浪漫。更令姗姗感到难以忍受的是，刚子似乎没有以前那样在意自己了。眼看自己的生日就要到了，但刚子却无动于衷，姗姗原以为刚子会给自己一个意外的惊喜，结果在她生日那天，刚子却加班至深夜才拖着疲倦的身子回家，居然忘记了姗姗的生日……姗姗做梦也没有想到，他竟然能够忘记妻子的生日，为此，她伤心地流下了眼泪。

看到姗姗伤心的模样，刚子急忙向姗姗道歉，并以最快的速度为姗姗买来生日蛋糕以示补偿，然而，在姗姗看来，这一切还有什么意义呢？尽管如此，姗姗还是原谅了刚子，或许是他平日工作繁忙的缘故吧。令姗姗感到意外的是，连他们的结婚纪念日，刚子也会忘记！她整天过着一种每天做饭吃饭，上班下班，回家后看电视的生活，对此，她感到了深深的厌倦。她时常向自己问道："这是自己渴望得到的生活吗？刚子是否依然还爱着自己？"但一波未去一波又起，在一个周末的早晨，刚子悄悄地收拾好行李，仅仅留下一张纸条，便径自离开。在醒来之后，姗姗打开了那张纸条，上面清晰地写着："姗姗，或许是你奢求的太多了，我实在难以忍受；或许是我们原本就不适合结婚。我走了，暂时离开你一阵儿，在此期间，不要给我打任何电话……刚子。"读完纸条上的内容后，姗姗急忙拨打了刚子的电话，但他的手机却一直处于关机状态，脆弱的心灵使她再次流下了苦涩的泪水……

在现实生活中，绝大部分情侣原本可以爱得甜甜蜜蜜，可是随着两个人在一起生活的时间较久，彼此会在无形中把自己不好的一面展现给对方。由于每个人都是独立的个体，自然会有不同的兴趣与爱好，当两个人的观点发生冲突，一方不能满足另一方的需求时，就会使对方受到伤害或致使彼此的感情出现裂痕，进而出现"恋情告急"的状态，这时，女人就会不由自主地哭泣。

[女人由于恋情告急而哭泣，只是为了能够挽留你]

通常而言，结了婚的人们，尤其是婚后的男人，会与婚前有较大的不同。他们认为，曾经的女朋友已成为自己的妻子，既没有必要煞费心机地制造浪漫，又没有必要想方设法去赢得女友的欢心，而对于女人来说，她们总是天真地以为男人会像谈恋爱时那般对自己加以关心与呵护，可现实并非她们所想象的那样美好，两种截然不同的观点与态度，便在不知不觉中点燃了"爱情告急"的火焰。

对于女人而言，走进围城、缔结婚姻，就意味着自己的身边多了一双温暖而又有力的手。两个人能够从相逢、相识、相知到相爱，并非一件轻而易举的事情，然而，当婚后由于种种原因，呈现出即将形同陌路的迹象时，女人就会流下自己苦涩的泪水，毕竟她曾经深爱过你，与你欢笑，与你同甘共苦，与你共度生命中的某段时光，就这样选择离开谈何容易？她又会拥有几分甘心？因此，她们之所以由于恋情告急而痛哭，只是为了能够挽留你，挽留这份难能可贵的爱情。

[爱之深，
便恨之切]

男儿有泪不轻弹，但女人做不到。爱哭泣是女人的天性，尤其是恋爱中的女人更爱哭泣，她们常常会莫名其妙地感伤，或许就是因为她们太在乎，爱到心会痛，痛彻心扉。

现实生活中，常常会有一些恋爱中的女人因为男人的背叛而陷入绝望之中，一旦男人背叛了她们，她们就会为此伤心欲绝。

[实景再现]

雨萱和丈夫张鸣结婚已有十年，刚结婚的几年，他们一直都过得很幸福。后来，张鸣开了一家房地产代理公司，从此以后就经常回家很晚，而且总会满身都是酒气。为此，雨萱说过他很多次，刚开始，张鸣闷声不吭，后来就干脆和她对吵。另外，张鸣特别好色，两人一块儿上街时，他的眼睛总是盯着街上的漂亮姑娘，这让雨萱难以忍受，整天都提心吊胆，坐立不安。

之后的一天，雨萱从张鸣手机里看出他经常和一个女人联系，于是便问张鸣，张鸣则说是业务上的关系，但雨萱心知肚明，短信的内容与业务是无关的，虽然并没有什么过分的话语，但两人关系还是不一般的。此后，雨萱开始注意张鸣的手机，时间一长，张鸣好像也有所发觉，便变得警觉起来，连上厕所都带着手机，有时在家接电话也要躲在阳台上。雨萱忍不住问其原因，他却支支吾吾地说不出什么。问得多了，他就会很烦，只要再提起这事，就会说雨萱唠叨，一副要翻脸的样子。无奈之际，雨萱就说要到那女人的单位找她，这样一来，张鸣真的收敛了许多。

但江山易改，本性难移。很快，张鸣又和一个长得性感妖艳的女人勾搭上了，并且还专门为那个女人买了一套商品房，之后张鸣长期都不回家住。一次，雨萱下定决心去找那个女人，敲开门，那女人竟然让她滚，说房子是她自己买的，还说张鸣迟早会离婚的。愤怒至极的雨萱发疯似地给张鸣打电话，让他回来，张鸣原以为家里出了什么事，便急忙赶回来，不料被雨萱劈头盖脸地骂了一顿，张鸣说她疯了，转身推门就走了。这一次，雨萱再也控制不住自己的感情，泪水簌簌而下，好多事情，她依旧想不通。

面对张鸣的背叛，雨萱陷入了绝望。其实，现实生活中，夫妻之间常常会遇到类似的事情，面对这样的事情，大多数女人都少不了哭泣。在爱情中，女人往往会迷失自己，有些人虽然流着痛苦的泪水，但依然会选择包容、原谅背叛她的男人；而有些人若被伤得太深，便会走上离婚的道路。

［面对男人的背叛，女人更多的是哭泣］

但凡男人都会有背叛女人的野心，或身体背叛，或精神背叛，或身体和精神双重背叛，面对男人的背叛，女人往往只有眼泪，她们想不通，为什么男人会为了一己之私而将爱情、婚姻和家庭推向危险边缘。她们也无法理解，既然许多男人都想要拥有一个好妻子和一个幸福的家庭，为何还要做出一些令人失望的事情。

很多男人总是说女人善变、无情，却不知是自己深深伤害了她们。当一个女人的整个世界只有男人的时候，无数次的等待和期盼换来的却是一次又一次的失望，或许再多的伤害她都能够接受，但如果知道男人已经不再爱她，她就会彻底崩溃，或许她这辈子的眼泪都流在了这个男人身上。女人都希望自己爱的人是让她值得付出的人，若那颗深爱的心被伤害了，就等于是杀了她。总之，如果没有男人的背叛，也就不会有那么多女人的伤心眼泪。

预期与现实
差距太大

有些时候，女人是很傻的，她们可以为了爱一个男人而抛下自己的父母，来照顾那个男人的父母；可以为了爱一个男人，自己心甘情愿地挺着大肚子十个月，只为让男人拥有下一代，并且还要承受生完小孩后体质变差、身材变形的后遗症；可以为了爱一个男人，放弃父母给她二十几年的姓，跟着男人姓，又被冠上"太太"二字；可以为了爱一个男人，早上上班，晚上做饭、做家务、带小孩，既有工作的压力，又有家事的压力。

总之，女人一旦付出了真爱，就把自己所有的一切都上了锁，执着而无悔地坚守着自己真爱的男人。不管风雨，不管坎坷，只要自己深爱的男人依然还在自己身边，她们就会默默地承受着一切。她们没有太多的奢望，只是希望自己深爱的男人能从心底感受到她的付出。倘若她们的付出换来的总是失望，她们必定会悲痛万分。

[实景再现]

曾经经历过婚姻变故的张薇原本打算一个人过下去，不再结婚，可后来却结识了吕梁。吕梁早年丧妻，儿子也已经成家立业，如今一个人住在父母留给他的老房子里。张薇的母亲怕她一个人太辛苦，便托人帮张薇在婚介所作了登记，就这样，张薇认识了吕梁。吕梁除了有一套几十平米的老房子之外，其他什么都没有，并且还有腰疼的毛病。

通过交往，张薇很中意吕梁，觉得他穿得寒酸，就给他买衣服；觉得他身体不好，就带他治病；为了方便联系，给他买了手机；每当他腰疼得受不了时，就给他按摩；一旦有空，便会替他把老房子收拾得干净又利索。交往两个月之后，张薇和吕梁领了结婚证，张薇带着母亲搬进了吕梁的家中。当时，街坊四邻都说吕梁捡到了一个大便宜，娶到了个好媳妇。

自从认识张薇以后，吕梁就没有再去工作，而是依靠着张薇的积蓄和服装店过活，家里所有的开销都是靠张薇一个人。吕梁对张薇很好，很体贴，家务活做得也很勤快。所以，张薇对他没有一丝抱怨，心甘情愿地为他付出着，她只希望他们的生活能够安稳。

但好景不长，三年之后，他们住的那套房子被划为拆迁房。当时，几乎从来不上门的吕梁的兄妹们开始打房子的主意，并且还逼迫张薇和吕梁离婚。兄妹们告诉吕梁，张薇嫁给他，并不是要真心和他过日子，而是为了房产。最终，在兄妹的教唆下，吕梁不顾及张薇三年来对他的所有付出，提出了离婚。那一刻，张薇的心都碎了，她痛哭起来，她怎么都想不明白，自己辛勤的付出换来的竟是离婚。

故事中的吕梁听从兄妹的意见，结束了一段原本可以幸福的婚姻，相信每个女人面对这样的结果，都会悲痛万分，会因此哭泣。付出得不到回报，这也就是女人哭泣的一个原因。在爱情中，若付出的一方得不到对方的回报，双方之间的感情就会濒临绝境。

[付出得不到回报，女人则为之痛哭]

女人一旦爱上一个男人，就会毫不犹豫地付出自己的全部。有时候，男人往往会认为女人很傻，其实，是他们不了解女人。女人不傻，只是她们的感情太过仁慈，只要能拥有一个爱自己的男人，她们就愿意无悔地奉献出自己的一切，即便再苦再累，也会觉得心有所值。而这一切的付出，只不过是因为想要与自己的爱人携手度过漫长的人生岁月。

　　女人并不是天生就该来照顾人的，她们也需要别人的关心和照顾。女人也很单纯，很懂事，她们只需要当自己受伤的时候，自己深爱的男人能够好好地倾听她，保护她，支持她，这样她就可感动一辈子。女人付出的爱，总是细腻而懦弱的，若那份爱能够得到回报，她们就会变得刚强而执着；若那份爱受到一些损害，她们必然会变得弱不禁风，为之痛哭。

错误的时间，遇到错误的人

"你说你爱了不该爱的人，你的心中满是伤痕；你说你犯了不该犯的错，心中满是悔恨；你说你尝尽了生活的苦，找不到可以相信的人；你说你感到万分沮丧，甚至开始怀疑人生……早知道伤心总是难免的，你又何必一往情深……"陈淑桦的这首《梦醒时分》曾唱出了无数女人的心声。

爱情的发生是不分时间、不分年龄、不分场合的，倘若爱情发生在两个相爱的人之间，就是一种圆满；倘若爱情发生在不该发生的两个人之间，则是一种难熬的痛苦。不论是在虚幻的电视剧中，还是在真实的生活中，都曾上演或正在上演一幕又一幕的悲喜剧：由于自己爱上了不该爱的人，或泣不成声，或不知所措，或为了争取自己的爱而不惜一切代价……

[实景再现]

赵丹深深爱上了自己的上司何建国，但何建国却是一个有妻有儿的人。尽管她的理智告诉自己这一切均是不可能的，可是爱情还是冲昏了她的头脑。在冲动的人的头脑中，只有一种想法，就是为了爱情而奋不顾身。然而，这种爱，真的是一种能够令人心满意足的爱吗？在这种状况下，赵丹仿佛像汪洋大海中迷失方向的船，其理智已完全不听从自己的使唤。就这样，他们突破了爱情的最后一道防线。从此以后，两个人开始偷偷地约会，悄悄地看电影……赵丹沉浸在一种前所未有的甜蜜之中。

但是，"好花不常开，好景不长在"。东窗事发似乎是一件在意料之中的事情。当他的妻子知道这件事情后，他便在无形中开始了与赵丹的冷战。在那时，赵丹的内心犹如翻腾的大海，诸多思绪顿时涌上心头：假如他的妻子原谅了他，他一定会与自己断绝来往，重新开始他崭新的生活；假如他的妻子不能原谅他，或许他就要面对离婚的事实，我真的非常爱他，渴望能够做他的妻子……

在情感的驱使下，她再次找到何建国，而这时，何建国却对她说道："即使我真的离婚了，宁愿一个人带着孩子过，也不愿意与你结婚。毕竟在内心深处，我根本没有真正喜欢过你……"听到他的话语后，赵丹仿佛感到痛不欲生，她伤心地流下了苦涩的泪水……

在现实生活中，诸如此类的例子不胜枚举。爱上一个不该爱的人，并不是你的错，而是一场伤心。事实上，喜爱一个人并不能证明结果将会如何，只能说明你感受到了那份难以言喻的感觉。爱是一种莫名的情感，是值得你用心感受的，然而，拥有爱，并不等于你拥有了婚姻。因此，虽然你爱上了一个不该爱的人，但你已尝试到爱的滋味，从某种程度而言，曾经拥有过爱，就是你的最大幸福。

在人的一生中，均会遇到三个人：一个是你最爱的人，一个是最爱你的人，还有一个就是与你共度一生的人。然而，对绝大部分人来说，这三个人通常并非同一个人：你最爱的人，往往没有选择你；最爱你的人，往往不是你最爱的人；而与你共度一生的人，往往不是你最爱也不是最爱你的人，只是在最适合的时间内出现的那个人……爱情本身就是一部忧伤的童话，任何一个品读过它的人，均会留下或多或少的遗憾。当我们读完它之后，均会明白这样一个道理：在爱情的世界里，缘分主宰着一切，如果有缘的话，空间与时间都不是问题；如果没有缘分的话，即使相聚也难以会意。因此，对于女人来说，当自己爱上不该爱的人时，不要选择哭泣，一切随缘吧！

［爱上了不该爱的人，女人为何而哭］

世界上最远的距离不是生与死，而是不能与所爱的人相守在一起。在正确的时间遇到错误的人，是一场伤心；在正确的时间遇到正确的人，是一生幸福；在错误的时间遇到错误的人，是一场荒唐；在错误的时间遇到正确的人，则是一生叹息。

在楼雨晴的《七月七日晴》中，任性的天晴尤为喜欢自己的哥哥，温柔体贴的瀚宇对妹妹也是百般呵护，在哥哥离开家之后，孤独难耐的天晴苦苦等待，失魂落魄的瀚宇在众多女生中寻找安全感，并试图爱上她们，他认真地对待着自己的每一次感情，却总是在筋疲力尽后发现，原来自己依然不能忘记"兄妹恋"的天晴……在现实生活中，不仅仅只是男人会爱上不该爱的人，女人也会如此。有些时候，她们为了对方的幸福、对方的自由而不得不放弃自己所爱的人，这种情感是异常痛苦而又无可奈何的，但为了对方能够更好地发展，她们只有以流泪来宣泄心中的复杂感情。

有时，女人深深地爱着某个男人，而男人却视她于不顾，或视她为玩物。这时，女人则会由于满腹委屈或"付出与得到不成正比"而哭泣。"不识庐山真面目，只缘身在此山中。"当她爱上一个不该爱的人时，尽管在内心深处，她深知彼此并不可能拥有美好的未来，但却依然会尽心尽力地为之倾其所有，并在不断付出的同时渴望得到对方的认同，甚至渴望能够把对方占为己有……一旦对方道出自己的真实想法，她就会由于深受打击而哭泣。

08

女人的
流泪心理

　　眼泪有很多种，当然哭泣的方式也有很多种，温柔美丽的女人哭起来是梨花带雨的，让很多男人产生"我见犹怜"的感觉；性格火爆的女人哭起来是毫无顾忌的，声音大的令周围的人都汗颜；善解人意的女子哭起来则属于默默无闻式的。总之，各有各的状态，也各有各的好处。事实也证明，女人的眼泪总能或多或少地换回一些她们想要的，如赢得男人的欢心，激起他们的保护欲望等。

外表的坚强
和内心的柔弱

现实生活中，我们经常会听到有人说："女人就爱哭！"仿佛女人只会哭，已经软弱到什么都不会的程度了。其实不然，女人很坚强，与男人相比，女人的坚强或许更胜一筹。

当然，这可能不被大多数人认同，尤其不被大多数男性认同。但是事实毕竟是事实，不然该如何解释女人的"梨花带雨"。哭，并不能够代表她不坚强，相反，女人的哭可能更是一种坚强的体现，比如"梨花带雨"的哭泣。梨花带雨，是一种坚强的绝美，哭泣的她在为某件事情而进行着坚强的抗争，抗争过后，绝望的女人内心更显孤傲，靓艳奇寒。素淡的风姿，优雅的清香，女人并非哭得娇美，而是因为哭而显得娇美。其实，女人大多数时候的哭泣都只因为她深爱的男人伤害了她，于是她伤心，她绝望，她顿悟，她坚强——因为她梨花带雨，心寒而不失娇美！

[实景再现]

刘婵与王峰是一对恩爱的小夫妻，结婚5年，他们育有一女，最近又添一子。在外人看来，这家人真的是太幸福了，每日夕阳之下都会有他们一家四口散步的身影。然而，事实却并不是这样的，如此散步只是他们在躲避家中难缠的老母。

　　家家有本难念的经，儿子与媳妇深爱对方，而且一心一意操持家计，本应该让老母放下担忧的心，安享晚年，还可以带一下刚来到人间的小孙子以及年幼的小孙女。然而，老母却并不这样想，看着儿子与媳妇的感情要好，看着儿子对媳妇越来越疼爱，尤其是刚生了个小儿子后，老母越想越来气，一想到自己辛辛苦苦养育了几十年的儿子正在一天天被媳妇"抢"走，她就无法容忍自己的媳妇了。于是，老母百般折磨刘婵，比如鸡蛋里挑骨头，骂刘婵不认真做家务；故意无事生非，骂刘婵不懂得哄小孩儿；无理取闹，骂刘婵乱花钱买新衣服……尤其是在王峰面前，一定要数落刘婵的不是。而心烦的王峰面对刘婵的时候，再也看不到笑颜如花的脸庞，取而代之的却是满面的泪水。王峰心疼不已，但是原本想要安慰刘婵的话，到嘴边却完全变了味儿。

　　的确，王峰心中也烦，工作一天已经够累，回到家中还要面对两个至亲的女人的"臭脸"，两个至亲儿女的哭闹。家中完全没有往日的温馨，没有可以抚慰心灵的娇妻，没有可以供人安歇的宁静……王峰不再想回家了，他好累。于是，每每都用谎话带过，夜不归宿成为了家常便饭，即使刘婵生病了，他也依然不为所动。

　　面对夜不归宿、不再疼惜自己的丈夫，面对整日无事生非、尖酸刻薄的婆婆，刘婵的心痛了，但是她要坚强，不但容忍婆婆，操持家务，而且尽量不烦扰到王峰。一天，由于孩子生病，不得已的刘婵找到了王峰的单位。终于下班了，刘婵焦急地期盼着王峰的身影，而当这熟悉的身影出现的时候，刘婵却绝望了。因为王峰身旁多了一个娇媚的女子。刹那间，刘婵的天"塌"了，娇美的脸色变得苍白无色，多日来忍耐的泪水夺眶而出，坚强的女子情不自禁地溢出两行香美清泪……

　　女人是坚强的，她可以忍受婆婆的无理取闹，她可以面对孩子的无知苦恼，她可以坚持超体力操持家务，但是她却无法忍受背弃自己的男人。一个女人如果哭泣，那么多半则是因为她深爱的男人伤害到了她。不要认为女人哭泣是因为软弱，刘婵的眼泪不是因为被残酷的现实吓倒，不是对未知世界的恐惧，而是因为她的"天"——王峰。

坚强的女人总是这样，不像男人那样可以狠心地抛家弃子，不像男人那样可以随心所欲。对待感情，女人们从不逃避；对待感情，女人们从不怀疑，所以她们总是在毫不设防的情况下被爱情击中，伤得鲜血淋漓。于是，女人常常哭得梨花带雨。那是鲜血的色彩映上面庞，那是血色的惨烈跃上眉梢，那是淋漓的液体涌出了眼眶，那是坚强的心有了方向。

［女人的泪，是梨花带雨的娇美］

女人娇美，女人柔韧，女人温婉，女人感情丰富如涓涓细流。

女人是娇美的。女人的外表天生柔弱，这是被社会一致认同的，他们成了娇美的代表，而她们美好的心灵又为她们增添了几分美艳。美艳柔弱的女子连哭也自然娇艳美好，女人就是美得摄人心魄！这样的梨花带雨，通常都是在她们毫不自知的时候已经毫无修饰地完美呈现。

女人可以冷眼，因为她们常常都是倔强的，这份倔强可能是因为渴望小小惩罚一下自己的爱人，也可能是因为希望自己的爱人可以主动承认错误，抑或渴望得到一个久违的拥抱。当然，女人冷眼还可能是因为她们的心真的痛了，所谓心已经没有了温度，眼神也自然冰冷。

女人的确含香，因为她们善良，而且美好，可以忍受残酷的现实，可以毫不怀疑男人的谎言，甚至为男人的谎言而找借口。这些借口可能是为了安慰自己，也可能是自欺欺人，但是根源却是想方设法维护这段精心养护的爱情。在她们心中，爱情永远美好，为此，她们常常以泪将其清洗。

　　除此之外，女人梨花带雨哭泣的时候，通常还因为她们心中已经看透了这份爱，她已经决定不再奢望、不再坚持！

　　女人哭泣得坚强，哭泣得娇美，哭泣得真善美，哭泣得梨花带雨，随风颤动。

爱到最浓，自然无声

　　女人哭泣的方式有很多，但是不管女人以什么方式哭，人们总会认为她们没用，总会认为她们懦弱，总会认为她们毫无主见……这些对女人实属冤枉的评价，让大多数女人刻意想要纠正。虽然，哭泣并不代表什么，但是，为了这个原因，许多坚强的女人在想要伤心落泪的时候极力忍耐，如果真的忍不住夺眶的泪水，那么就会忍住哭泣的声响。或为隐瞒落泪的事实，或为保留最后一丝坚强，或因毫不知情已阑珊，或因心已经痛得无力发出任何声响……感情无从宣泄，她们只能以默默无声的方式去表达！

　　当然，女人无声流泪的时候，还有另一非常重要的原因——那就是感动。在女人深深被感动的时候，通常也会泪水悄悄流，眼泪毫无预料地喷薄而出。面对男人的疼爱，女人的泪水多是汹涌而流，在很大程度上说明她的心中存有感动，这也应该是女人默默无声地哭泣的一大原因。

[实景再现]

　　孙婷与张浩相恋多年，感情非常好。但是，在两人交往之初，张浩的家人就已经表明态度不接受孙婷，没有其他原因，只因两人一个成长于南方，而一个生长于北国。不同的环境下成长起来的人，通常会在为人处世观念以及风俗习惯等方面拥有较大出入。这在恋爱时候可能不够明显，但在结婚以后，就会生出许多不必要的事端。而这个在两人眼中并不算理由的理由却切肤地卡在两人之间——孝顺的张浩曾狠心向她提出过分手，而孙婷也知书达理得静静抹泪离去。

然而，一番挣扎过后，深爱对方的两人再度牵手，而且这次还论及婚嫁。这令孙婷感到高兴不已，完全忘记了张浩曾经的狠心和对张浩父母的顾虑，她打算用自己的真心，将自己的爱情和亲情全部经营好。于是，她注意营养调节，希望可以始终以最好的精神面貌出现在大家眼前；她苦练厨艺，希望可以给未来的老公、公婆端出一道道美味佳肴；她疯狂逛商场，为未来的公婆选购见面礼……突然，张浩"消失"了，他开始对孙婷非常冷淡，既不打电话，也不接电话。一种不好的预感在孙婷心中袅袅升起，早年分手的画面仿佛又要在孙婷的生命中上演。

但是，不到最后一刻，孙婷绝不随便猜测，因为他们曾约定"长相知，不相疑"。然而，事实终归是事实，张浩消失的第三天，孙婷接到了他发来的短信："我们分手吧！"

短短的几个字，没有任何标点，但却击中了孙婷的心，她默认了，她成全他，但却成全不了自己的快乐。孙婷痛苦难耐，瘫坐在凳子上，无法做任何事，就连思考和发出一丝声音的力量也没有了，只有一汩一汩的泪水悄然涌上眼眶，一滴一滴不荷重负，滚上脸庞、滴落桌面……

女人总是这样的，她们非常坚强，她们非常感性，她们为爱痴为爱狂，为爱而不惜牺牲自己的心愿，为爱而不惜献出自己的所有，直到一无所有，只剩下挣扎的眼泪。

为了爱，孙婷冒险与张浩再度牵手，然而，最后依然被张浩辜负，可孙婷却毫无一丝怪罪张浩的情绪，即使他再一次放弃了自己，她也深爱着他。所以，孙婷将分手短信加上句号，将所有的原因都算在命运身上，将最后的力量都拿来奉献给这段感情。

不要认为女人哭的时候，是因为无助、无能、无知。其实，很多时候女人的哭泣，只是一种洗礼，洗礼自己的爱情；只是一种升华，帮助自己成长；只是一种宣泄，帮助自己走出伤痛；只是一种善良，善良得无所要求！女人的哭泣是神圣的，每当她们默默流泪的时候，都是对自己的一种伤害和对他人的成全。

[女人的泪，是默默无声的救赎]

女人是最伟大的人，她们通常都在为他人而默默奉献，比如老公、孩子、家庭……即使她们经受再多的困难，也绝对不会放弃爱。这份爱来得真诚，来得率性，丝毫不会因为可能伤害到自己而有所保留。所以，当面对自己心爱男人的负弃时，她们总是选择悄悄舔食自己的伤痛，默默地流泪，默默地承受爱人所给的疼痛，而极少有人会因此而大动干戈，给深爱的人再找麻烦。爱，让她们倾心奉献一切！

女人是坚强的。在众人眼中，女人看似是软弱的代名词。其实，女人的"弱"，非软弱，而是柔弱、柔韧。女人看似弱小，实则是非常坚强的。她们感性的心让自己在面临感情背弃的时候，抑制不住想要哭泣。但是，坚强的她们却又会将其忍住，至少忍住声响，默默将自己救赎。

女人是重情义的。面对感情时，她们总是毫不保留地奉献自己，因此她们所受到的伤害也通常都是最惨痛的；而当受到伤害的时候，她们早已失去抵挡之力、之物。心痛的她们，一无所有，绝望的瞬间泪水总是无声的。就如人们常说的，痛到最深，是无言！

女人是感性的。感性的她们在面对让自己感动的事情时，情感总是在第一时间就涌上心头，而这些最自然的真情流落，通常都会不打招呼的无声滑落。

无声泪流，唯有深爱；爱到最浓，自然无声！

[心理失意，
痛彻心扉]

女人，一般都被认为应该矜持，正所谓"窈窕淑女"君子才会"好逑"。所以，为了合乎社会的看法，为了合乎自己深爱的男人的审美，女性一般都相对比较注意形象，而且从古传承至今。所以，即使当一个女人心痛的时候，通常也不会选择号啕大哭的哭泣方式。

号啕大哭，通常被人认为是一种修养欠佳的表现。这种哭泣的方式不仅有损自己的形象，而且还可能会影响到他人的心情心态、生活工作等。所以，只要是有一丝理智的女人一般都不会采取这样的方式。

当一个女人号啕大哭的时候，通常都是因为她内心的痛感已经超出了自己可控制的范围，或者，她的痛早已经击垮了她，以至于什么也不必顾忌了等。当然，一个女人号啕大哭，也有可能是为了达到一些目的，比如引起深爱的男人的注意，此时，哭泣就被充当为一种武器了。

[实景再现]

李娟是一位非常勤劳的家庭妇女，虽然生活上较为吃紧，但丈夫非常爱她，她的孩子们也都非常懂事，这都让她感到十分安慰。每当想到这些，李娟就心满意足了。可是，一向健康的丈夫突然有一天得了急病，虽四处求医问药，但最后还是落了个行动不便的结果。从此以后，家庭的担子一下子就全部转移到李娟身上了。但李娟是个重情义的人，她义无反顾地挑起了这个重担，尽管家人和朋友都劝她离开，但她却从不这样想，她数十年如一日地支撑着这个家，从当初那个美丽的小姑娘变成了风姿殆尽的妇女。

日子就这样过着，本想和自己的丈夫相濡以沫，幸福终老，平平淡淡。可谁曾想，已经结婚十年的李娟竟然有了追求者。这个追求者有事没事就帮李娟干活，为了不惹事生非，李娟从来都只是拒绝。有时候实在拒绝不了，她就会想方设法给那个人一些报酬，或金钱，或物品，李娟从不愿亏欠别人。慢慢地，李娟的丈夫也知道了这个人的存在，他非常自责、伤心，他深爱着自己的妻子，生怕失去李娟。但是，一想到自己只是累赘，他也觉得对不起妻子。有一天，他竟然主动向妻子提出离婚，当李娟得知他是因为不想拖累自己而提出这个要求时，她生气地拒绝了丈夫，并表明自己的心。

这样的事情闹了三四次后，李娟的丈夫主动改变策略，他不再要求李娟离婚了，他要坚强起来，像一个正常的男人一样保护自己的妻子。他用早年赚得的一些钱，在自家门口开办一个小商店，而自己整日半卧着营业。看着丈夫这样，李娟心疼但也高兴，相濡以沫的日子里，他们的爱越来越浓。然而，一场灾难却突如其来。一日，当李娟高兴地进货回来的时候，却到处找不到丈夫。原来，他的丈夫为了保住李娟最喜欢的金钢笔而从床上奇迹般地站起来，冲出来抓小混混，却不幸被飞驰而来的卡车撞倒，当场毙命。找到丈夫后，往日矜持的李娟面色凝重，随即不顾一切，仰天号啕大哭，哭声震天动地。

几十年的夫妻，从相识、相知、相爱到相濡以沫，走过风风雨雨，感情惊天动地，最后却还是提前阴阳两隔。虽然，丈夫不能够帮助李娟分担家庭建设的工作，但是却是李娟生命的重心，是李娟生命的支柱。几十年来的重心坍塌了，支柱倾塌了，李娟练就的一身本领、养成的一身体贴，还有什么意义？

号啕大哭，之于一个有修养的女人来说，大多源自生命中的至亲至爱的痛失。女人或许没有像男人那么远大的抱负和事业心，她们通常只要有一样自己喜欢、热爱的"事业"就足够了。她们一心一意地围绕着自己的小幸福，吃苦耐劳，但从不叫苦。然而，也正因为她们全身心付出的原因，当这样东西失去的时候，她们的生命仿佛也停止了转动。

女人的心理失重，比之航天员的生理失重，有过之而无不及！因此号啕大哭，也就无可厚非了。

[女人的泪，是号啕大哭的心理失重]

对于女人来说，号啕大哭仿佛并不流行，然而，当一个女人号啕大哭的时候，切不可厚非之。因为，那对于她来说，很可能是一种救命药剂。女人号啕大哭，通常都因为她生命的支柱失去了，世间一切之于她都瞬间没有了意义。不然谁会不在意自己的形象？

号啕大哭，是一种放松身心、疏解情绪的方式。有些女人会选择在没有人的地方号啕大哭。此时，她很可能是在寻求一种舒缓心情的方式。这是女人摆脱压抑，获取身心健康的一种技巧。

女人号啕大哭，还可能是因为长期超负荷的心理瞬间得到了疏解，比如说一直在担心一件事情，长时间恍惚不安，吃不好睡不下，而当某天事情揭幕，那结果不仅没有想自己预料中的那样糟糕，而且还非常不错。这时女人瞬间就会哭泣，这种哭泣，可能连女人自己也解释不清楚，但是就是想哭泣，大声地哭泣，一直哭泣。号啕大哭应该是一种身体的条件反射，或者说是一种身体自身的生理需要，所谓压抑久了是一定要爆发的。

另外，当女人绝望的时候，顿悟的时候，想要永远地放下一些东西的时候，也会号啕大哭，而此时的号啕大哭很可能是一种释放、宣泄。这样的号啕大哭，是一种祭奠，祭奠一段感情，祭奠一份成长等。

当然，女人号啕大哭，还可能是带有目的性的。有些时候，当女人想要挽留心已远离自己的男人的时候，会故意号啕大哭。这个时候，她已无力挽留，她已无法优雅地挽留，她已失去了爱情，那么如果可以用号啕大哭来让男人给自己一些亲情或者怜悯的话，即使有失风雅，女人也愿意尝试。

总之，没有女人愿意做有损形象的事情，如果她号啕大哭，要么她已经什么都不在乎，要么她什么也不奢求，要么她真的超负荷运转多日……当然一切都源于爱，对男人深切的爱，因为男人而身心疲惫的爱，对从男人生命中延伸出来的生命的爱。

眼泪是感情的 验证水

"哭泣"与"欢快"是一对反义词，但是却可能同一时间出现在相爱的两个人身上——当一个女人在哭泣，这个男人很可能会暗自开心而且感到非常享受。

且不要急于评价什么，其实这非常正常，很多时候这说明男人真心地爱着这个女人，女人若是在他面前哭，会让他们产生征服的快感。男人的思维方式很奇怪，一般情况下，当他看到女人哭泣的时候，通常在第一瞬间是止不住的心疼，但是在心疼背后他可能会暗暗生出非常享受、非常快乐的感觉——因为他发现这个女人是真心爱他的；这个女人是依恋他的；这个女人是性情的；这个女人已经向她敞开了心扉等。

所以，我们会发现女人晶莹的泪滴原来还有赢得男人欢心的作用，这时候的欢心不仅代表着这个男人对女人的爱，而且代表着这个男人已经将女人当成了自己的一部分。

[实景再现]

张辉和吴聪是大学同学，两个人的关系一直不错，但是却不是男女朋友。这主要因为吴聪一直不能够判断自己对张辉的感情，而张辉却早就向她表明了心迹。眼看就要大学毕业了，张辉仍然没有能打开吴聪的心扉。

离毕业的日子越来越近了，张辉的朋友都劝他放手，但是张辉却不甘心，更不愿意放弃自己真心付出的这段感情。就在毕业前夕，张辉准备再向吴聪表达一下自己的感情，而且这次张辉宿舍的兄弟们也都来助阵，他们在吴聪的寝室楼下准备了一个蜡烛心，并在楼下大唱表白歌……好多女生都感动了，可是吴聪却表现得非常淡然，好像这件事情跟她没什么关系似的。这样的表现，让张辉实在是伤透了心，最后张辉"放弃"了，他不再"纠缠"吴聪了。

然而，当张辉真的消失后，吴聪却有一种深深的失落感。她吃不下睡不好，不停地想张辉是不是会难过，自己是不是永远失去了张辉……她猛然发现自己早已经爱上了张辉，认真地考虑过后，吴聪开始主动寻找张辉。不过，正在伤心中的张辉却认为，这只不过是吴聪的同情和怜悯而已，于是他一直都躲着吴聪。

面对张辉的"冷漠"，吴聪伤心地哭了。晶莹的泪珠滴落，睡觉的时候，吃饭的时候，走路的时候，只要想到张辉对自己态度上的变化，只要一想到自己失去了真爱，她就止不住地伤心。一日，当她在餐厅吃饭的时候，一个熟悉的饭盒出现在了对面——张辉来了，看着吴聪伤心地泪，张辉竟然不怀好意地开心贼笑……他们的心终于走在了一起！

原本看到自己心爱的女人哭泣，男人应该感到伤心才是，但是张辉却开心的笑，这似乎既不合情也不合理，但是这却非常正常。因为此刻，在张辉眼中，哭泣的吴聪是最美丽的，而且这份美唯独属于自己；吴聪的眼泪说明了她对张辉的爱，这也是深爱吴聪的张辉最想得到的，而且他终于得到了；吴聪的眼泪说明了她需要张辉，这令张辉受宠若惊……

有些时候，爱情中的人们就是这样奇怪，明明该马上安慰哭泣中的人儿的时候，却可能因为其他的原因而开怀大笑，这是真爱的美好，是真性情的爱，是发自内心的声音。男人常常将此作为判断一个女人是否真爱自己的标准，也正因为此，女人的眼泪常常能够赢得真爱自己的男人的欢心！

［女人的泪，可赢得男人的欢心］

女人在哭泣的时候是最动人、美好的，因为此时女人的真心正在怦怦跳动，因为此时的女人正在性情流露。爱美的男人当然非常喜欢，心生怜爱的同时，常会感叹："你连哭泣的时候都这么美！"

女人的眼泪其实也并不像人们所说的那样泛滥，其实一个女人的眼泪通常都只为自己深爱的男人而流，所以当一个男人看到自己的女人在为自己流泪的时候，不管怎样担心、心疼，通常都是非常享受和开心的，因为那晶莹的泪滴代表的是女人对自己深深的爱。

在女人流泪的时候，通常也会被男人看作是自己好好表现的机会，比如说可以让自己的女人破涕为笑，比如说可以让自己的女人更爱自己等。在这个过程中，男人的英雄气概被证明，男人的虚荣心被满足，男人被需要的心理被满足等。这些都会令他感到欢心。

女人流泪的时候，通常是其心灵最容易打开的时候，所以这个时候男人会暗暗窃喜可以更深入地和女人交流，可以更深入地了解女人。这对于一个男人来说非常重要，通常都能够满足他男性的占有欲。

女人只为自己深爱的男人而"洪水成灾"，所以如果一个女人的哭泣是为自己，尤其当女人因不舍、因感动、因幸福而哭泣时，那会令男人感到非常温馨，因为那代表女人的爱、满足以及对自己的信赖。

会哭泣、能哭泣、懂哭泣的女人，在男人眼中是非常性感的，因为只有一个情感丰富、温柔如水、身心健康饱满的女人才会哭泣。一个对生活对社会没有一点感触、感情和希冀的女人一定是无泪的人。

寻求庇护的
求助之光

女人哭泣的原因有很多，比如说女人天性如此，女人感情细腻，女人是水做的等等。女人的哭泣大多没有什么理论性的原因，想哭就哭了，该哭就哭了，忍不住就哭了。但是，这没有目的、没有要领、没有规矩的哭，却通常都能够激起男人的保护欲。

因此，有些女人认识到这些规律以后，通常还会适时使用"哭泣"这一武器，或为保护自己，或为缓和气氛，或为索要男人的爱。每当此刻，即使男人知道女人"用心良苦"，也依然甘愿自投罗网。

人们常说："看到女人哭，再冷酷的男人也会没办法！"这来源于男性天生的保护欲和英雄气概。也正因为此，女人的眼泪又延伸出一个作用——激起男人的保护欲。

[实景再现]

郭宁和王薇恋爱两年，很快就走进了婚姻的殿堂。原以为结婚以后，两人不用再忍受相思之苦，可以天天腻在一起。然而，婚姻是现实的，其间不仅有甜蜜，更有单调和乏味。结了婚的两个人如愿以偿整天可以见到对方，可是缺少了空间缺少了美感，单调乏味的生活更添了几分无趣。因为一点芝麻绿豆大的小事情，他们也会大吵一架。虽然王薇非常伤心，但是在唇枪舌战中，她从来不允许自己显示出软弱的一面，因为她始终认为自己是对的，而且她不要郭宁看出她的柔弱。

持久的冷战拉开幕景。不说话的日子里，郭宁仿佛没事人一样吃了饭，就呆在电脑前玩游戏、聊天，要么就不打招呼的地夜不归宿，或者回了家仍然对王薇冷眼相对，即使看到王薇需要男人帮助干体力活的时候也不会插手……这深深伤透了王薇的心，伤心的日子里她也开始了上网聊天、写空间。在聊天室里，王薇遇到了一个与自己聊得非常投机的男人。或许是因为她实在太需要说说话了，也许她不用再伪装什么，王薇一改往日的倔强，对这个男人倾吐自己的痛苦，道出自己的委屈，谈论她的人生方向……这个男人让她感受到了温暖，甚至又让她变成了恋爱时期的小女生。王薇决定了，她不要再痛苦，她要与郭宁离婚，即使以后单身也好。正当这时，郭宁回家了，但是却出乎意料地既没有吵闹，也没有冷落她，而是一把抱住王薇承认错误。原来，网上那个男人就是郭宁。本想好好看看她为什么变了，竟然"看到"了她的委屈、可怜和晶莹泪滴。放下尖锐武器的王薇不仅没有引起郭宁的嫌弃，相反还激起了郭宁的保护欲。

很多时候，当男人和女人针锋相对的时候，很可能擦出火花，而这火花不仅分不出胜负，只能够引起火灾。而此时，如果女人能够懂得适当"用水"，却常常能够起到巧妙地灭火的作用。

男人天生就是好战的群体，在战场上，男人绝对不会随便认输，即便对方是女人，男人也毫不客气，因为在男人心中，女人天生就应该是被人保护的对象，而一旦成为锋芒毕露的劲敌，就不再是需要让人保护的女人了。所以，当王薇与郭宁唇枪舌战的时候，她感受到的只是伤心，更何况战场上少有人能够清醒地积口德。而当王薇示弱于"郭宁"的时候，郭宁不仅没有小看王薇，甚至还产生了强烈的保护欲，这保护欲不仅让他主动反省自己的错误，而且义无反顾地担起保护王薇的使命。

所谓以柔克刚，哭泣的女人，不管运用何种哭泣方式，都会毫无理由地激起男人的保护欲。

[女人的泪，可激起男人的保护欲]

男人天生就有一种英雄气概，在他们眼中，自己永远是救世主，所以当女人显示出柔弱的时候，男人通常都会放下自己的防御心，一心只想安慰女人。而眼泪最能够表达女人的柔弱，因此聪明的女人不妨学着使用这一招"计谋"。

男人非常聪明，然而唯独面对女人会犯傻，似乎再绝顶聪明的男人对于女人的泪水都不善于解读。在男人眼中，仅仅是女人哭泣这个动作就已经足够让他们无力抵抗的了，而且没有什么理由，甚至不需要理由。

在男人眼中，女人天生就是应该被保护的对象。所以不管女人是否哭泣，男人一般都会乐于保护她们，而这种保护通常都被男人以女人所不能解读的方式呈现。而一旦一个女人哭泣了，他们就不知道该怎样隐藏自己的保护欲了，更何况他们认为哭泣的女人更"女人"，哭泣的女人更需要被保护，因此，假若平时他们的保护欲被隐藏，那么眼泪就是将其激起的最好武器。

现实生活中，人们在说一个男人爱一个女人的时候，通常会用到"怜爱"一词，而在表达女人被男人宠爱的时候，通常会用到"小女人"一词。这或许也可以作为"眼泪激起男人保护欲"的一个理由。在男人眼中，最能让人升起保护欲望的莫过于楚楚可怜的柔弱小女人了。

男人天生希望被需要，而当女人哭泣的时候，这种"需要被保护"的感情尤为强烈。而天生希望能够"被需要"的男人当然要义不容辞地充当保护者了。

激发男人
责任担当的武器

人们说："女人的泪水是一种秘密武器。"这种秘密武器，是专为男人而设计的。众多实践证明，男人只要一碰到这秘密武器就仿佛被施了魔法，大多数都会心甘情愿地答应女人的要求，并且会多倍赠送。

哭泣中的女人，在男人眼中是最美丽、最柔弱、最需要被保护的，于是他们宁愿受苦受累也要抚慰女人的心灵。女人的泪水一般更代表着美丽、柔弱和无助，因此无论如何男人也要止住女人的泪水；无论如何，再也不能够让女人哭泣。因为男人们从心底要求自己为女人撑起一片天地，为女人承担起一切。

不仅如此，男人对女人眼泪的判断能力也不强，所以他们甘愿将一切都还原为最初——哭泣，就一定是伤心了。所以，只要看到女人的泪，他们一定会为女人承担起一切，即使对那个女人已经没有爱，也可能会如此，这种承担跟男人的责任心有很大的关系。

[实景再现]

赵琳与黄涛是一对苦情恋人。最初，赵琳深深爱上黄涛，然而黄涛却并没有爱的感觉，只知道不讨厌赵琳，所以两人虽有恋人的名分，黄涛却并没有像一个真正的男朋友那样关心、照顾赵琳。得不到"男朋友"该有的关怀，赵琳经常默默痛心落泪。但是，赵琳却并不向黄涛提出分手，她害怕失去，哪怕只是一厢情愿她也愿意。赵琳是一个通情达理、温柔体贴的女人，所以她爱得伟大、爱得深情。不仅不要求黄涛给自己什么，还总是怕自己付出的不多。天冷了，赵琳为黄涛编织围巾、买保温杯；天热了，赵琳为黄涛购置凉茶，买驱蚊花露水……永远都是及时、无求、默默的关怀。

就这样，赵琳一爱就是8年，直到26岁那年，她终于放弃了。她听从家人的安排，嫁给一个自己不爱的人。当黄涛知道了这件事情以后，却如梦初醒，顿时明白了自己的心，原来他早就爱上了赵琳，只是不知。于是，黄涛冲到大街上疯狂地追赶婚车，他不能让自己深爱的女人嫁给他人。然而，赵琳结婚的事情已经成了定局，黄涛晚了一步，他无力改变事实。就在黄涛伤心酗酒的时候，又传来了更让人震惊的消息：赵琳在举行完结婚以后，实在无法忍受无爱的婚姻，于是在洞房花烛之前割腕自杀了，已经送往医院抢救。于是，酒醉的黄涛又疯狂了，他没命地冲向赵琳所在的医院，当他到达医院的时候，赵琳已经成为了一个被人唾骂的弃妇，而且生命垂危、昏迷不醒，但是眼角却挂着晶莹的泪。黄涛的心感到了震撼，没想到自己竟是在这种场合第一次看到心爱女人的泪水，但令他感到幸运的是他终于敢于并且心甘情愿一生牵手、保护赵琳了。

对于不经常看到女人流泪的男人来说，一旦看到倔强的女人的泪珠，将会瞬间被震撼，这个时候男人心中对女人的爱的答案会比任何时候都清晰和准确。不仅如此，此情此景将会激起男人最强烈的责任感和保护欲。面对这样的眼泪，男人将会心甘情愿为女人承担起可能令她感到可怕的一切。

当然，让男人甘愿承担起一切的还不止黄涛与赵琳的这一种情况，它还可能因为女人的隐隐啜泣，因为男人被女人躲藏起来的眼泪感动、震动等。

女人的泪水可以很泛滥，女人的泪水可以很倔强，女人的泪水可以很包容，女人的泪水可以很凄楚，女人的泪水只会源自浓浓的爱。当男人懂了，当男人被震撼了，当男人真的爱了，一般都会将其暗暗记在心间，并下决心在日后的生活中将这些伤害女人的"泪水"统统消灭。

[女人的泪，可让男人甘愿承担起一切]

男人其实是非常细心的，当女人痛苦落泪的时候，即使他们什么也不表示，甚至看上去无动于衷，但是他们却会将这些都记在心中，将其日积月累升华为浓浓的爱的行动。

女人在哭泣的时候，通常看起来都会令人心生怜爱，尤其在男人看来。于是，男人就会感到心痛，而且可能比女人还痛苦，这更加强了他们对女人的爱。

男人天生的英雄气概和保护欲也会在这个时候升腾而起，他们或许可以忍受其他，但是唯独不能够忍受心爱的女人受到伤害，不能够忍受心爱的女人哭泣得这么伤心，不能够忍受心爱的女人没有安全感。女人的这一行为即使跟男人没有太大的关系，但在男人心中，也很可能会被他固执地认为是因为自己无能，或者突然发现自己很无能等，因而他们将会更加发奋，宁愿将女人所有的苦都放在自己身上。

有些时候，女人哭泣是带有一定目的性的，比如说内心并不是特别痛苦，但是为了让男人答应自己的要求而放声大哭、痛哭流涕、哭得汹涌澎湃等，总之目的非常明确，行为非常到位，一定要达到让男人心痛、心疼的目的，从而答应自己的要求，甘愿为自己承担起一切。而此时，即使男人明明知道女人可能是故意的，但是只要女人痛哭，他们就是放心不下，或者说狠不下心让她伤心。这也会成为男人甘愿承担起一切的一个原因。

当看到女人痛苦的时候，男人的责任感会被激起，而且尤为强烈，并且男性生来的责任感就无比强烈，因此，他们总会义不容辞地为哭泣的女人承担起一切，即使对女人已经没有了爱，即使对女人只剩下同情和怜悯。

09

男女有别的
心理建议

男人喜欢说谎，因为很多时候谎言能够让女人开心，也使自己不必承担更多的责任；女人喜欢哭泣，因为很多时候眼泪比千言万语更有用，一滴泪珠就能融化男人坚硬的心。不过，说谎和眼泪并不能成为男人和女人手中唯一的武器，毕竟生活是现实的，它不容许谎言和眼泪长久地存在。因此，本章便为男人和女人提出了一些建议，愿它们能让男人和女人更加完美。

善意的谎话
也不能说多

你对她说过谎话吗？相信大部分人的回答都是肯定的，因为你认为谎言也有善意与恶意之分。的确，谎言是生活中的一把"双刃剑"，如果将它用得好了，就可以让你们之间甜甜蜜蜜，可一旦失手了，就会伤人又伤心。所以，有时候适当的、善意的谎言在真心相爱的人之间是情感的润滑剂，爱人之间要使生活充满情趣，维系幸福的一生，就需要这必不可少的润滑剂。

不过，即使再有创意的谎言，也不可一用再用，永无止境，第一次可能会让对方感动不已，第二次也许她就没什么感觉了，到了第三次，她肯定是厌恶之极。由此看来，说谎也是十分有技巧性的"活儿"。每次都必须出"新"，才能得到认可。

[实景再现]

王先生加班加到了深夜，回到家时看妻子有些不高兴。于是，王先生拿出一粒水晶之恋果冻说道："亲爱的，我刚从南非飞回来，去那儿为你寻找这粒水晶了。"妻子一听，一下子就转怒为喜，开心地吃起了果冻。可见，一句有创意的谎言可以化解两人之间可能发生的争执。

几天后，王先生又一次深夜回到家中，但这次却是喝了酒，妻子当然是非常生气。这时候，王先生对妻子说："我只喝了一杯而已，真的只喝了一杯！"可是他刚说完，妻子就更加生气了！因为她知道他在骗自己。但转念一想，他应该也是为了工作应酬到现在的，所以这件事就这样平息了过去。

也许是王先生工作真的是太忙了，所以总是在事后才能想起些什么。这天，他出差刚回来，正急着准备回家呢，突然想起来忘了给妻子带礼物回来。于是，他在回家之前，就去附近的商场买了一些出差地的特产带给了妻子。回到家中，他对妻子说："这是当地最好的东西呢，我是专程买给你的！"可第二天，妻子帮他收拾东西的时候，在他的衣袋里发现了一张附近商场的购物小票。看到小票的她，眼泪又一次止不住地流了下来……

王先生的失误在于，多次重复运用同样一种说谎技巧，最终伤到了妻子的心。事实上，像这样创意性的谎言说一次是很有趣的，但万万不能将其当作模型，有一次成功了就反复地使用。因为有时候太有创意的谎言多次重复后就会变得失去原本的意义，例如以上的事例，你总不可能老是去南非寻宝吧，也不可能喝一杯酒就醉得这么厉害吧！因此，如果你说谎过于虚假或轻易就被她识破的话，那么等待你的往往不可能是微笑和香吻，反而有可能她还会说你没有创意，连编个瞎话都编不了，使你们之间有了信任上的危机。

最后一次的说谎，就更是自己打自己的嘴巴了。有时候说谎必定会牵扯出一些与谎言相关的事物，你说谎后不会让她听出破绽还不够，如果在其他地方让她发现了纰漏，你的甜言蜜语就可能成为一种"罪证"。所以，诸如此类的谎言还是不说为好。

[创意谎言，多说真的不好吗]

众所周知，夫妻之间要维系幸福的一生，必要的谎言是不可缺少的润滑剂。说一个谎很简单，但要让这个谎言成为你们幸福的润滑剂而不是矛盾的导火线，也是需要一些技巧的，讲善意的谎言不但是婚姻生活中夫妻相处的技巧，更是婚姻的一门艺术。如果想给夫妻间的生活加一些润滑剂的话，一定要懂得以下两点。

第一，谎话只在适当的时候才说。人们常说，言多必失。平时谎话说得多了，就一定会漏出破绽，这样男人必定会使自己在妻子心中的形象大打折扣，从而降低妻子对自己的信任度，一旦丧失了可信度也就丧失了以后说谎的可能性。因为经常说谎，妻子就不会相信你的话了，即使你说的再逼真她也不会再相信，更不必说是重复多次的创意谎言了。这样的结果不仅会让她对自己失去信任，还有可能使她在心里留下阴影，从而影响双方间的关系。

第二，善意的谎言要从爱她的角度出发，最好能用谎言巧妙地表达出你对她的爱和关怀。因为谎言更多的是给予而不是索取，这样即使有破绽她也不至于生气，甚至有可能更加信任你或觉得更加快乐。

如果谎言能在以上两点的基础上适当地说出来，这样才是真正善意的谎言，比如，当你说出这句话时，她明知道你在说谎，却也心甘情愿地开心"受骗"。当然不能像事例中的王先生一样喜欢重复用一些创意谎言，而应增加一些有情趣的小骗术，如我们常听到的：我会爱你一万年。这就发挥了谎言好的作用。

遵守说谎的原则

大家都知道《狼来了》的故事，它是讲一个放羊的孩子多次撒谎欺骗人们，而导致羊最后被狼吃掉的故事。小时候，大人们在讲完这个故事后就会告诫我们：做人一定要诚实，不能说谎话，否则就会和故事中的小孩一样。是的，诚实是做人的根本。但是，在现实社会中，说谎对一些事情的确可以起到很大的作用。所以说，适当的时候，我们不妨可以说一些善意的谎言，善意的谎言可以让我们以及爱我们的人生活得更加美好。父母善意的谎言，可以让涉世不深的孩子脸若鲜花，灿烂生辉；老师善意的谎言，可以让彷徨学子不再困惑，健康成长；医生善意的谎言，可以让恐惧的病人由绝望走向希望；夫妻间善意的谎言，可以使爱人沉浸在这些甜美话语中甜蜜快乐……

但是，在两个人的生活中，要懂得遵守说谎的原则，即使是善意的谎言，也不能过于夸张，否则就会起到相反的作用。

[实景再现]

今年22岁的小张，是广州某学院的自费生，其念书期间认识了在广州某名牌大学读书的王晓。王晓是土生土长的北京人，当两人的恋情被王晓父母知道后，王晓的父母极力反对，原因是小张是个外乡人，不知道他的家庭背景如何，并且他还是一个自费生，与自己的女儿在学历上也不配。

为了继续与王晓相处，贫穷的小张多次编造了"自己有数百万元资产，广州有好几个自己的投资公司"的谎言，并称"争取今年将王晓调进广州市检察院当干部"。转眼两人毕业了，小张要求王晓与他在广州结婚，虽然王晓父母极力反对，但王晓还是与小张结婚了。可婚后王晓才知道，小张是一个穷小子。想想自己为了这桩婚事与自己的父母反目成仇，她悔恨自己不听父母之言。

为了达到自己的目的，小张编了一个很大的谎言，当然，也许这正说明了他不想失去王晓，但结局却是更大地伤害了王晓。如果一开始就让她知道自己的真实情况，也许她还愿意和自己一起打拼。可是当她被动地接受这个事实后，很有可能会承受不了，这个谎言显然过于夸张了。

生活是现实的，容不得任何假设与夸张。如果因为谎言而导致不幸，就更加得不偿失了。当然，如果你能把握好说谎的度和性质，那么还是可以解决很多问题的。

[热恋时，别把男人夸张的谎言听成情话]

做女人一定要经得起谎言，宁愿相信世界上有鬼也不要相信男人那张破嘴！热恋时，更不要把男人夸张的谎言听成情话。

很多男人说，说谎有时也是被逼的，男人说谎有时候也是为了女人。但不管这谎言是善意的还是恶意的，总之是用来欺骗女人的。

爱也是一种战略，既要追求对方，又必须巧用心计，所以爱情中渗入谎言和假象，常常是不可避免的。夸张的眼泪、羞涩、假装高雅，直至说谎，都是司空见惯的恋爱技巧，它们各有各的效应。

如果冷静地加以思忖，就可发现恋人的某些甜言蜜语，多半是夸张的谎言。

例如，"想到你，我就长夜不能眠""你是世上最美丽的女人""没有你，我会活不下去"。其实，言者每晚都酣然入睡，女人根本不是最美丽的，他也从无去死的勇气。因此，陶醉于爱情的男女，应对这类"夸张的谎言"保持一份清醒。

有位男士曾这样对女友说："啊，你的眼睛是世界上最美的！"女友则立即玩笑般地应答："亲爱的，你从未到世界上其他地方走过，怎可断言世界之最呢？"

回敬她
同样的爱

寂寞，是一种心灵的毒，一种无药可解的毒。

寂寞，往往会在夜深人静的时候侵袭你的内心，让你的内心在片刻之间产生极度空虚的状态。这种状态，可能是恐惧，可能是孤独，可能是束手无措。在现实生活中，女人往往比男人更容易寂寞。

不要让女人生活在孤独和寂寞中。特别是婚后的女人往往把家视为生活的全部，因为她们的社交面没有男人广。作为男人，不能只顾自己在外面吃喝玩乐，而让自己的女人独自面对那一盏孤灯，女人的忍耐是有限度的，女人也不会真正爱上一个不回家的男人。如果你让她长期啜饮着孤寂的苦酒，最终，她会把这杯酒回敬给你。

[实景再现]

小俊和丈夫结婚十年了，可是最近她却对另一个男人产生了好感，且有了性的接触，在心理上小俊一直都无法原谅自己的出轨行为。这一天，她来到了心理咨询室，讲出了自己所犯的错误：

我老公是典型的夜归男人，下班后几乎都没有直接回家的习惯，每次不是加班就是应酬，总是半夜才回来，有时甚至通宵不回家。最要命的是，他从来不和我提前打招呼，每次问他去哪里了，他都是一副很不耐烦的表情。儿子读的是寄宿制学校，平时不经常在家，我做完家务就是一人守着清冷的灯光。就连周末，他也总是给自己找很多借口，不是约同事打球就是和客户一起谈生意，有时候甚至连打牌也不愿错过。我便独自一人买菜做饭搞卫生，除了寂寞和孤独还是寂寞孤独！

嫁给一个不回家的人，等待的是一扇不开启的门，这种寂寞和孤独、这种痛苦、这种失落，不是身在其中的人又怎能体会得到！几乎是每一个夜晚，只要听到楼下铁门的响声，听到上楼的脚步声，还有别人家的门铃声，我都会条件反射地打开自家的铁门看看是不是老公回来了！可能有很多像我一样的已婚女人，我不知道男人是否真的应酬多才有出息。但我想，一定会有、并且不算少数的女性和我一样无奈，享受着身体的孤独和心理的寂寞。

当然，我也可以去逛街，去参加各种聚会来排遣这难熬的孤独，可我心里装的只有老公和孩子，除了家我哪里也不想去。我是个知足常乐的小女人，从来没有想过家里要有多少钱，从来没有想过房子要有多大要有多高级，家里要装修得多么富丽豪华，更不会拿老公、拿自己家跟别人、跟别的家庭比。我一直都认为，只要粗茶淡饭过得去、只要一家人平安健康，在工作之余能多在一起享受天伦之乐就已足够。可是要满足我的这点要求却是遥遥无期！

前一段时间，我在网上认识了一个叫"我会陪你到老"的男人，慢慢地，我们彼此产生了好感，于是，经他再三要求我与他见面时，我没能忍住内心的那一份渴盼。他是一个很有风度的男人，说话又文雅。不久，我们就有了一夜情。可是面对自己的所作所为，我从内心感觉我是一个不守妇道的女人，心里的压力是从来没有过的。

人活着，不仅仅为自己，还要考虑身边的人。不回家的男人，应该学会换位思考一下，你考虑过妻子的感受吗？你想过妻子等你回来的那份焦急与期待吗？

如果一个男人爱他的妻子，是不忍心让她一个人守着清冷的孤灯在寂寞孤独中度过的。

[没有应酬的男人就没有出息吗]

如今很多男人都认为：在这个时代，没有应酬的男人都不会有出息，于是男人们的朋友越来越多、应酬越来越多，今天你应酬别人，明天别人又反过来应酬你。于是就有了所谓的新版"好汉歌"："一等男人家外有家；二等男人家外有花；三等男人歌厅酒吧；四等男人下班回家。"也就是说，没有应酬、天天准时下班回家的男人是没出息的男人。

是啊，外面的世界很精彩。只要有机会，男人总想在外面多呆一会儿，就算没机会也要创造机会在外面多呆一会儿。于是，男人们不亦乐乎地周旋于各种各样的饭局、麻局、球局中。其实，男人如果不是官当得够大、事业做得够大的话，每天又怎会有那么多应酬等着他呢？这分明是假借应酬逃避家庭责任，为夜不归宿、花天酒地找借口，宁愿呆在外面闲逛也不想回家。这样的男人置家庭、孩子和老婆而不顾。男人们，你们知道哪些女人容易寂寞和孤独吗？如果知道了，在以后的生活中，你们要多注意哦。别再让女人们生活在寂寞和孤独中了。抽出空闲多陪陪她们，相信你们的婚姻生活和家庭会和谐美满的。

据某报道称：容易寂寞和孤独的女人有以下两种：

一种是：结过婚的女人。

结婚后的女人，都渴望自己的老公能像结婚之前那样将自己当作宝贝。但是很多男人忙碌于工作，往往无法估计老婆的心思，更有一部分男人因为工作的关系，不得不出差，甚至长居外地。那么，独守空房的已婚少妇的内心，又是怎么样的一种心情？我们不得不承认，有些寂寞的少妇，就是在这样的情况下，给自己的男人戴上了绿帽子。

第二种是：无事可干的家庭主妇。

老公外出赚钱，专职家庭主妇每天要做的事情就是洗洗衣做做饭，早晨，送孩子上学，傍晚，接孩子放学。其实这类女人，虽然事情不多，但自己的时间并不多，因为她们被家庭所牵制。一旦空闲下来的时候，内心的空虚和寂寞，有谁可以知道。有着光鲜的身份，却不如一个上班的女人过得开心和惬意。

浪漫是女人天性的需求

生活在快节奏的信息社会中，资讯发达，社会分工细，社会交际越来越频繁。这样的时代中，爱人之间多希望在一个自给自足的小天地里长相厮守，形影相随。虽然追求自由园林式的浪漫情调，已是痴人说梦。但浪漫在时下依然存在，因为有爱的地方，就会有浪漫，而爱是任何时间任何地点都存在的一种情感！

女人骨子里都是爱浪漫的。如果你想给她爱，不妨在她生日时送她一束鲜花，在结婚纪念日和她一起吃烛光晚餐，偶尔送她一个再小不过的小礼物，这些都可以增进你与她之间的感情，主要看你是不是善于在细节之中捕捉机会。

[实景再现]

美国的一位女爵士音乐家，当她还是一个默默无闻的人时，她想举办一场演奏会。她的爱人对她说："当天，我可能连祝贺的花篮都无法送给你，但我会尽力帮你。"

在准备的过程中，她的丈夫从找会场、贴海报到舞台布置等杂事，都是亲自上场，还不时地拍拍她的肩膀，鼓励她，给她自信。直到演奏会当天，其他的朋友才手提花篮及庆贺礼品前来。然而，她深知这些赠送她礼物的人，远不如默默支持她的爱人令她欣喜和感激，她体会出爱人浓浓的深情。

　　爱人之间只有能够"想对方之所想，急对方之所急"，能够为你的爱人排忧解难，与对方的心灵互通声息，才是最能够拉近彼此心灵的，否则即使送一百个花篮给她，还是与朋友送的一样，对她没有太大的意义和作用。而"想对方之所想，急对方之所急"也不失为当今时代的又一浪漫，你温馨的一句话，含情脉脉地一个眼神，对她来说都是莫大的一种浪漫！

　　细微之外的真情流露有许许多多，比如说，随身携带纸巾，对方需要时，恰到好处地递给她一张；准备几个硬币，在对方打电话没有硬币时，默默放在她的手心……无论是哪种，都无须夸张，只要让对方由衷地感受你的关爱，对她来说就是一种温馨的浪漫。

　　曾经有一位名演员，他有一串非常珍爱的风铃，是他死去的母亲留下来陪伴他的。但由于小偷的光顾，风铃被弄得粉碎，他相当地难过。就在小偷弄碎风铃一周年的那天，他的女友交给他一个小小的盒子，他打开之后，感动得差点掉下泪来，那是一串与母亲留给他的一模一样的风铃。而现在"风铃和女友都珍藏在他的家里"，她已经成为他生命中的一部分。

　　可见，平时多留心对方的话，适时地给她此方面的关心与体贴是多么真实而浪漫的事情啊。浪漫永远不会过时，假如你的爱人说自己的头发干燥，你可以送她一瓶新出的洗发露，或许她只是说说，但你要"听者有意"，那么，她就会感到这份真实的浪漫。

［浪漫，会保留多久］

　　当你和你的爱人携手步入婚姻生活的时候，从前的新鲜感、新奇感就会渐渐褪去，昔日的温馨与依恋也会变得习以为常，在平凡中制造的浪漫，于细节中体现的真情则更会体现出它的珍贵。

作为丈夫，如果你能给自己的妻子买上一件新潮服装，然后像恋爱时那样把衣服在她的身上比试，夸奖一番，她一定会感到情意绵绵。每天上班时，跟她道一声"晚上见"，你下班走进家门，看到她在等你，一天的疲惫会立刻不知去向。这些举动，做起来并不难，这些小小的满足的心情，也很容易获得。所有这些，都能令你体会到婚姻中的浪漫。

生活伴侣同食同寝，日子长了就会渐渐形成规律，如果一直是按部就班，始终是一个节奏，情感就会因为缺乏变化而变得木然。适当来一点情感涟漪，离开原来的轨道，让情感像流水一样处于流动之中，既循着一定的河道，又不停地更新运动，就不会令情感凝固、冷却。短暂的别离就是一种很有效的方法。一方外出开会、学习或出公差，双方就都有了回味的时间，再相聚时，彼此都会发现对方变得更有魅力，浪漫自然也会因此而长存。

[情感背叛
伤人害己]

男人是这样一种动物：外表像孔雀，脾气像公牛，行为像种马。

女人看男人，大多数时候都会走眼，开始以为是白马王子的，最后才发现是白眼蛤蟆。

背叛是男人的血统，博爱是男人的宣言，自由是男人的口头禅，见异思迁是男人的风尚。但现实生活中也不乏有这样一种男人，他们永远都不会背叛深爱他的女人，忠心是他们身上的一大优点。

[实景再现]

桌子两边，分别坐着一个男人和一个女人。

"我喜欢你。"女人一边摆弄着手里的酒杯，一边淡淡地说着。

"我有老婆。"男人摸着自己手上的戒指。

"我不在乎，我只想知道你的感觉。你喜不喜欢我？"

男人抬起头，打量着对面的女人。24岁，年轻有朝气，白皙的皮肤，充满活力的身体，一双明亮的会说话的眼睛。

"如果你也喜欢我，我不介意做你的情人。"女人终于等不下去，追加了一句。

"我爱我妻子。"男人坚定地回答。

"你爱她？爱她什么？现在的她，应该已经年老色衰，早就成了一个黄脸婆了吧？否则，公司的晚宴，怎么从来不见你带她来……"

女人还想继续，可接触到男人冷冷的目光后，打消了念头。

"你喜欢我什么？"男人开口了。

"成熟，稳重，动作举止很有男人味，懂得关心人，很多很多。反正，和我之前见过的人不同。你很特别。"

"你知道三年前的我，是什么样子吗？"男人点了根烟。

"不知道。我不在乎，即使你坐过牢。"

"三年前，我就是你现在眼里的那些普通男人。"男人没理会女人，继续说。

"普通大学毕业，工作不顺心，整天喝酒，发脾气。对女孩子爱理不理，经常对她发泄自己的不满。还因为去夜总会找小姐，被警察抓过。"

"那怎么？"女人有了兴趣，想知道是什么让男人转变的，"因为她？"

"嗯。"

"她那个人，好像总能很容易就能看到事情的内在。她教了我很多东西，让我别太计较得失；别太在乎眼前的事；让我尽量待人和善。那时的我在她面前，就像少不更事的孩子。也许那感觉，就和现在你对我的感觉差不多。那时真的很奇怪，倔脾气的我，只是听她的话。按照她说的，接受现实，知道自己没用就努力工作。那年年底，工作上稍微有了起色，我们结婚了。"

男人弹了弹烟灰，继续说着。

"那时真是苦日子，家里没有一样像样的家具。结婚一年，我才给她买了第一颗钻戒，存了大半年的钱呢。当然，是背着她存的。若她知道了，是肯定不让的。"

"那阵子，我被烟酒弄得身体不好。大冬天的，她每天晚上睡前还要给我熬汤喝。那味道，也只有她做得出。"男人沉醉于那回忆里，忘记了时间，只是不停地讲述着往事。

而女人，也丝毫没有打扰的意思，就静静地听着。

等男人注意到时间，已经晚上10点了。

"啊，对不起，没注意时间，已经这么晚了。"男人歉意地笑了笑。

"现在，你可以理解吗？我不可能，也不会，做对不起她的事。"

"啊，知道了。输给这样的人，心服口服咯。"女人无奈地摇了摇头。"不过我到了她的年纪，会更棒的。"

"嗯。那就可以找到更好的男人。不是吗？"

"很晚了，家里的汤要冷了，我送你回去。"男人站起身，想送女人。

"不了，我自己回去可以了。"女人摆了摆手，"回去吧，别让她等急了。"

男人会心地笑了笑，转身要走。

"她漂亮吗？"

"嗯，很美。"

男人的身影消失在夜色中，留下女人，对着蜡烛发呆。

男人回到家，推开门，径直走到卧室，打开了台灯。

这时已经煲好汤、烧好菜的妻子一个人坐在客厅里看电视，等候男人的归来。

"今天怎么这么晚回来呀？"女人问。

男人一五一十地向女人讲叙了他回来晚的原因，听完后，女人什么都没有说，而是抱住男人大哭了起来。

"我嫁给你一点都没有错！"女人哽咽着说。

这时，眼泪也一滴滴的从男人的脸颊流下，打在女人的脸上。

两人就这样久久地抱着。

男女之间，因为互相欣赏产生爱情，但是在现在的社会里，爱情往往会因为很多种因素而发生变化，听得最多的，也就不外乎是"背叛"两个字。经常会听到女人哭着说："我对他那么好，为什么他要背叛我。"

[男人别再找借口背叛女人了]

这个时代，在闪婚成为焦点时，离婚率和婚外恋也成了人们茶余饭后的话题，概率也是越来越高了。其实，人生虽然短暂，但是只要你懂得去经营，婚姻仍然会带给你无限的精彩。

许多男人甚至某些女人，对男人的婚外情予以理解、鼓励、宽容，认为这在现今社会中是相当普遍的现象。男人甚至理直气壮地说："连女人都原谅我们了，还有谁该责怪我们？"的确，有很多人认为："外遇根本没什么大不了，也不会带来任何伤害。"这岂不是为那些背叛女人的男人找了很多借口？

所谓借口就是责怪妻子、责怪"外面的女人"、责怪男人所处的环境，总之所有的人和所有的事，就是不包括自己。有人甚至认为"这是男人的天性"，这种态度的一个理论基础是，它完全忽略了男人也是成人的事实，他必须为自己的行为负责，而且有义务为自己的行为做出说明。就像许多人所认为的那样，任何一位妻子都不会唆使自己的丈夫出轨。一个男人如果不忠，那是因为他自己要这样，也因为他选择的是比较容易的事——出轨，而不是比较困难的事——对妻子忠诚。

很多人认为这种情况是非常正常的，当孩子出生之后，女人便将大部分时间都花在照顾孩子和做家务上，而男人则要继续工作，并开始到外面游荡。而妻子对此以不闻不问作为"报酬"，以换取继续当他妻子和获取经济上照顾的权利。不能一辈子爱一个女人的男人还算是顶天立地的男人吗？一个男人的背叛，是对一个女人原有的自信心、身体的健康以及对生活的安全感的致命伤害。大部分的女人都害怕被丈夫抛弃，害怕失去丈夫的爱。因此，丈夫的不忠可以将一个既坚强又能干的女人的自尊砸得粉碎。

　　精神分析心理学之父弗洛伊德曾提出一个问题："女人要的是什么？"她们只想要一个能相伴终生的男人，一段刻骨铭心的真爱。少之又少的女性会同意嫁给一个与其他女人保持性关系的男人。因此，为了让不能公诸于世的婚外情继续下去，男人只能一次又一次地向妻子说谎。种种的欺骗行为，足以破坏夫妻间的彼此信任，甚至腐蚀像石头一样坚固的婚姻。所以说，为了家庭幸福，男人不要再找借口背叛女人了。

不追求
完全的改变

有人说："男人是改变世界的，而女人则是改变男人的。"此话有一定的道理。很多时候，男人都会因为女人而变得敏感、温柔、仔细、多愁善感和优柔寡断。但尽管如此，也不能说男人就喜欢被女人所改变，真正能够改变男人的，应该只有他自己内心的召唤，其他的都是徒劳。

现实生活中，有这样一种普遍的现象，即夫妻在年轻时总是女方要比男方得势，但随着年龄的增长，大多数总是男方被女方迁就和忍让着，所以男人应该是比女人更顽固的。也就是说，女人不可能改变男人，所以女人最好不要试图去完全改变男人，否则可能因此而造成悲剧。

[实景再现]

他们像大多数人一样，相恋两年后结婚了，结婚与相恋必定是有区别的。

他生性爱动，喜欢一直在外面闯荡天下，不习惯长时间呆在家里。而她却生性爱静，社交面也比较窄，每天工作完后就按时回家，当然希望丈夫能在家陪着自己。结婚后的前三年，他们相安无事，互相理解、互相包容还算甜蜜。

转眼三年过去了，每次丈夫从外面回来，妻子都是一脸的不高兴，有时她还会和他使小性子，一次一次后，丈夫再也无法忍受妻子的无理，他们之间开始有了争吵，丈夫回家的次数越来越少。

她也无法忍受这样的家庭生活，最终他们的婚姻走向了破灭。

即使是结婚后，两个人的立场也是不一样的，所以女人不要刻意去改变男人，否则很难营造温馨快乐的家庭。一个善解人意的妻子或丈夫，应该懂得尊重对方的个性特征，不应该把自己的意志强加给对方，应该给对方保留一定的自由空间，允许对方有自己的社交圈子。这样的婚姻就不会成为一种禁锢，而是在充分发挥各自个性特征的同时，两人互相依恋与互相理解宽容。

有这样一个故事：丈夫喜欢抽烟，一场球赛的时间，他就能抽完三包烟，丈夫的朋友问他的妻子："为什么你不去阻止他抽烟呢？"她回答道："如果抽烟真的能让他快乐的话，为什么要阻止他呢，我情愿看他快乐地活到60岁，也不希望看着他痛苦地活到100岁，毕竟快乐是用钱买不来的。"这一席话丈夫听在耳里记在心里，也因为妻子的这些话，让他决心将烟戒掉。几个月后，朋友再见到他，他已经完全把烟戒掉了。朋友问起他时，他只说："我有一个那么爱我的妻子，我怎么忍心那么早离她而去，留下她一个人孤苦伶仃呢？"

同样是夫妻，给的包容和理解多一些和就会有截然相反的结果。所以，有时候夫妻之间不应试图将对方完全改变。尽管是为对方好，如果方法不当也会影响夫妻之间的感情。

[男人，真的会为你改变吗]

自古以来，人们都常常听到"怨妇"一词，而"怨夫"则从来没有被用到哪个男人的身上，仅仅从这一个词即可看出，男人的天性和女人的天性都是无法改变的。很多情况下，男人和女人之间争吵的起源和导火索不是别的，就是他们要互相改变的雄心壮志和斤斤计较的小脾气。男人可以为了女人去改变，但这种改变的前提必须是自觉且自愿的，而对那些强势的、动不动就要完全改变男人的女人，男人当然就会表现出厌恶和恐惧，当然生活也会因此而出现裂缝。

很容易就能接受新鲜事物，他们喜新厌旧……但事实上，这些仅仅只是一个男人的习性而已，就像女人们喜欢做的一些小游戏。再也没有比用石头来形容男人更恰当的事物了，石头可以用来雕磨，也可以用来粉碎，但是它永远不会变成花朵，因为固执是他们骨子里的气息，即使他顺从了你，按你的安排去做了，这之中更多的也只是迁就和忍让。所以，假如你爱他，那你就努力接受他的一切，只要他不是太过分，适时地装傻也是一种境界。如果你只知道对其反抗与压制，到头来只会令他感到越来越窒息，直到对你产生恐惧和厌恶感，女人请别试图将一个男人完全改变，否则你们之间就真的无药可救了。

学会做 独立女性

人们都说，男人是来自金星，而女人则来自火星，也就是说男人与女人在社会上充当的角色以及内心的需求是不同的。现实生活中，男人大男子主义一点，女人小鸟依人一点都是非常正常之事。尽管大男子主义并不好，但完全没有男子汉气概的人也不会让女人开心；而小鸟依人虽然有可爱之处，但过分依赖男人的女人也会使男人逃之夭夭。因此，如何把握"纠缠"这个分寸，就需要女人运用自己的智慧了。

[实景再现]

她是一家外企的办公室主任，公司大小巨细几乎都由她一个人来处理。工作中的她是一个独立又自主的白领女性，可她在家中却是小鸟依人的小女人。白天工作了一天的她，回到家中却支撑不起家庭里的琐碎。最重要的是，她和丈夫结婚时，丈夫亲口对她说："我就喜欢你柔弱得跟个小女人似的，你依赖我才让我有了真正的用武之地。"新婚没有多久，她全身心投入地依偎着丈夫，令丈夫比平时对她更是加倍娇宠，所以她心安理得地顺着"柔弱"的赞美继续了下去。

她既不做饭也不洗衣，起初丈夫都能容忍，可是时间一长，丈夫的耐心再也没有了。

那天丈夫陪她在街上购物，在商场里丈夫碰上了大学时期的女同学，两人聊了一会儿，没想到回家后，她整个晚上不依不饶硬是让丈夫说清和那个女人是什么关系。丈夫对她的无理取闹实在受不了了，就不顾她的哭闹自己一人开车回到了办公室住。

之后的几天，她本来以为丈夫还是会像从前一样哄着自己，可这次丈夫却像是变了一个人，非但没有给她打过一个电话，还一直在公司不回家。她拿起电话对丈夫就是劈头盖脸地一通乱骂，没想到电话那边的丈夫一个字都没有说就把电话给挂了。她更生气了，气急败坏地跑到公司去找他，同事们满脸诧异地告诉她："他已经出差两天了。"

她回到家中，委屈地又哭了起来。她认为二人世界本来就应该缠来缠去，丈夫就是她生命里的一棵大树，而依赖着他居然也不对，丈夫竟然会离家出走。

爱情是人生中最美好的瞬间火花，所以当爱情降临到每一个人头上时，这个人就神经错乱了，说傻话了，干傻事了。也正因为如此，所以人们得出结论：所有动人的情话都是傻话，是毫无道理的疯话。所以，情人之间的话是动人的，也是可笑的，更是愚蠢的，在现实生活中是很难经得起考验的。

爱情与谎言共生。爱情中若是少了欺骗，那这份爱就不完美了，爱过的人都知道，这爱情中所谓的"完美"，其实正是那几句谎言体现出来的，换言之，纯洁的爱是不完美的，至少，它不美。谎言是维持爱情的稳定剂，爱情谎言真的不是出于恶意的，就如故事中的男主人公，他的"谎言"是没有恶意的，只是女主公的过分依赖吓走了他。

[男人，真的喜欢女人的依赖吗]

生活中，我们做事情都讲究大智若愚，而恋爱中的大智若愚就是揣着明白装糊涂。当然我们都知道，这个故事中的男主人公说的就是"谎言"，至少在现实生活中他是承受不了如此的爱的，但她听了这句话便可体会到丈夫对自己的一片爱心。任何女人都恨不得丈夫把心掏出来，为自己做一切事，即使是赴汤蹈火也在所不惜。当她听完丈夫的话时，自然是高兴的，但现实生活中却不能要求他过于苛刻，也就是生活中的你不能过分依赖男人。

对于男人们所说的承诺，聪明的女人就应该适时地装傻，装糊涂。古有难得糊涂，今有傻人有傻福。繁华的大千世界是一个虚假的世界，即便是爱，也有谎言来掩饰。这里也并非是说一切都是假的，拨开云雾便可以一睹庐山真面目。只是爱的谎言，我们无力去一一揭穿，也不能揭穿，所以聪明的女人就不应该过分地依赖男人，要把握好依赖的度。

谎言的存在当然有它存在的原因。女人问男人"我的衣服好看吗？""好看。"也不管看了没有；生了孩子之后问老公"我是不是不如从前漂亮？"爱你的他一定会忙着否定，无论是真是假，这个时候女人都不能死缠烂打，也不能说男人是骗子，让爱情与谎言同在，幸福也会存在。女人们，请记住无论何时，都不要过分依赖于男人，否则只有相反的结果在等你。

女人的眼泪 适可而止

两个人在一起生活需要不断调剂，热情如骄阳似火，让爱人情不自禁；而柔弱如蓓蕾初绽，更令人怦然心动。所以，别在男人面前表现出你很坚强、你不需要人关心的样子，适当示弱会让他们产生自信，而且可以使之心生怜惜之情。

男人爱说谎，女人爱哭泣，这几乎成了公认的真理。说谎有恶意与善意之分，同样哭泣也有自然与刻意之分。女人眼泪用得好，就可以打动人心，用得不好，就会惹人烦。比如默默流泪要比号啕大哭更具效果和打动人心，虽然女人的哭泣是一把利器，但若太过做作，或者招数用得太老，效果就有可能适得其反。女人要学会哭泣，女人的眼泪可以以不变应万变，遇到什么时候受不了了，就可以用眼泪来征服男人，但眼泪虽然可以征服男人，却不是唯一的手段。

[实景再现]

结婚那年，刘丽是被众星捧月般嫁到丈夫家里的，刘丽的女朋友们都对她十分羡慕。因为刘丽的男朋友不仅家境好，而且对她还是百依百顺，对她爱惜得不像话。旁人都能看出，这个高高大大的男孩永远低下头与刘丽说话只是因为爱她，不可能有第二个原因，而刘丽对此却总是不以为然。

结婚后，刘丽总是爱跟丈夫耍小脾气。闹得意犹未尽时，便跑回娘家。常常都是刘丽刚踏进门口，他爱人就迫不及待地来接她回家，看着刘丽噘起的小嘴，他丈夫总是一副很自责的样子。之后，每次跟丈夫发脾气时，她就会像受了很大委屈一样，眼泪大颗大颗地往下落，丈夫当然也会想尽办法讨好她，直到刘丽破涕为笑。

这样的日子过了3年，丈夫的表情渐渐默然。终于有一次，当刘丽又发脾气时，哭泣这一招好像没什么用了，她一气之下又回到娘家，却再也没有等到丈夫。后来，刘丽又经历了很多男人，却再未遇到过像前夫那样肯为她低头的。

美满的婚姻是由两个人相互维护、相互安抚、相互包容才可以得到的。爱情中的低头，绝不是因为错。真正的错与对，有什么重要呢？"我爱你，所以才说我错了"，这是男人的理论。男人在一个不懂低头的女人面前低了一次十次百次头，他所忍的，不是我错了这句话，而是一腔爱意付出后的无以回报。终有那么一天，他认定自己爱上了一个不爱自己的女人，情伤而退。到这时候，女人的眼泪也就再派不上用场了。

过分好强、要面子的女人，会让身边的男人显不出自己的重要性。而且会让男人感觉不到温暖，很难与她分享浪漫。正如故事中的主人公一样，如果生活中你不幸是这样的女人，就应该适当地糊涂一点，不要太聪明，在爱人面前，要学会收敛过强的上进心和自尊心。夫妻之间产生矛盾，解决的方法不是靠逞强，更不能靠眼泪与逃避，而应该适当糊涂点，这样才会让你们的生活更轻松快乐。在家庭问题上，宽容点、厚道点、糊涂点，比什么都好。当然，糊涂不是打"肚皮官司"，更不是"留一手"，而是为了给对方留点面子，给矛盾缓解留点余地，给家庭生活增添点朦胧美。其实，你装糊涂对方也不呆，他是会打心眼里感激你的。所以就家庭而言，"糊涂"实际上是一种宽容，关键是爱心在起作用。

[眼泪，真的可以征服男人]

聪明的女人会在对方面前示弱，这种示弱并不是说明女人确实就是比男人差，但是男人就是喜欢。男人的同情与怜爱，从来只肯给那些看上去很弱、不谙世事的小女人。有时候，女人太聪明太独立，会让男人感觉她们是中性的，而中性等同无性，既不浪漫、亦不讨好。除了把自己搞得伤痕累累之外，也只能落得个暗夜里独自垂泪的后果。所以聪明的女人，都懂得在适当的时候稍微糊涂一下，在适当的时机示弱一下。因为，示弱就是她们征服男人的最高手段。而生活中，绝大多数女人所用的眼泪虽然也可以"征服"男人。不过，这却不是长久之计，更不能将其当作一种手段来用。

适时的示弱与低头才是良策，而不是女人们惯用的眼泪，最是那一低头的温柔，像一朵水莲花不胜凉风的娇羞。女人应该明白，男人的忍让与低头，是因为他看重你们的感情。如果你愿意挥霍爱，就永远昂着头，只让他为你低头，直到他在无数次低头后发现他最爱的女人根本不在乎他的存在时，他就会毅然昂起头转回身去，多少年后你会发现没人再愿意为你低头。如果你愿意享受爱，就要懂得在被娇宠之后，适当地低头，让他明白你需要他。

爱人
勿爱太满

男人，不要对自己的魅力过分自信，因为没有几个女人可以一而再再而三的容忍你的出轨和背叛，没有几个女人可以招之即来挥之即去。除非，这个女人爱的不是你，而是你的钱。当一个女人一再遭受男人的背叛时，她真实的想法是："现在我真到了崩溃边缘，虽然我对他还有爱，但是却不可能再一次原谅他，我已经累了，不想再这样下去了。离婚，是我最好的选择。"这个时候，男人还会对自己的魅力自信吗？

[实景再现]

咖啡厅里坐着小蒙和她一位要好的同学，小蒙满脸都是泪水，在向她的同学倾诉着什么。

"晓宇（小蒙的老公）是大家公认的好老公，不但人长得帅，工作好，而且学历也很高。从小就很优秀的他，是在别人的赞美声中长大的。他从骨子里总认为自己是优秀的，也是最有魅力的。不然，当初读大学和研究生时，怎么会有那么多的美女追求他？在工作上，他的能力更是不用说，让老板欣赏不已，更是让同事妒嫉。他是参加工作后一年认识我的，他那么优秀，我当然很容易就动心了。"

"结婚后，我也发现老公是个很顾家的男人，他人很体贴，对我照顾得很周到。可是随着婚姻生活的慢慢褪色，他做了所有女人最忌讳的事情——搞婚外恋！已经好几次我都原谅了他，因为我知道他也还是很爱我的，只是改不了这种爱新鲜的性子，他总认为自己很优秀，很有吸引女孩子的魅力。可是这一次，我真的很难再原谅他了。因为人的忍耐是有限的，几个月前我才阻止了他和一个女人的交往，并对他下了最后通牒，看他认错态度还好，我就给了他最后一次机会，可现在又换了另外一个，并且他和那个女人都对我老实交代了，他们发生了性关系，那个女人还不知廉耻地劝我别离开他，其实我已经无法原谅他了，可孩子还小，又那么可爱，太可怜了。如果不离婚就意味着我要忍受这种一而再再而三的背叛！我决定跟他离婚。"

如果一个女人原谅男人之后，但他还是一如既往地背叛，那么女人最好绝对不留情地离开。因为这个人已经彻底不是你要眷恋的那个人了。不管是他的人还是心都不在你的心上，你守着，忍着又有什么用呢？在你身边的男人，身体和灵魂都不是你的，拿来干什么，做摆设都多余。所以，还是放弃吧，不要再留恋他过去的那点好。一而再再而三背叛女人的男人，他们从内心里总认为自己很有魅力，总认为自己的老婆不会离自己而去。犯"错误"后，不知悔改，再次碰到机会，才有再想犯错的想法和动机。

[一而再再而三犯错的男人，是不可原谅的]

那个被我们称之为"老公"的男人，他屡教不改、一而再再而三地背叛我们的爱情，我们的婚姻，我们的家庭……

有人说，背叛是男人身体里流淌的基因，这明显是为男人变心所找的华丽借口，曾经有人说过世界上有三样东西不能相信：男人的承诺、男人的感情、男人的理由，当然我们不能这样悲观，恋爱虽然是美好的，但毕竟要为自己的感情负责。对于女人来说，如果男人屡次背叛你的话，那么完全没有必要原谅他。既然他可以一再地背叛你，那说明他已经不再爱你了，他的爱可以分给其他人。作为女人，她们都要成为对方爱的全部，谁也不愿意和其他的女人去分享他的爱。你对他的爱，已经成为你自己的负担，试着去放松自己的心情，换一种心境去面对，你会有很多收获。解放自己吧，不要把你对他的爱作为对你自己的惩罚。

下面这个案例，或者可以简称为一位怨妇的倾诉，她最亲密的枕边人背叛了她，她心痛，她迷茫，她不知道婚姻生活是应该继续还是停止……"老公，你的眼里可不可以有我的存在？"

丈夫两年前出轨了，她很痛苦，因为种种原因她还是原谅了他。不久前女人发现男人和那个女孩还有联系，但是女人不敢确定，所以就没有声张，只是试探了一下，男人竟然勃然大怒，女人又一次的忍了。前几天男人和他的情人一起吃饭的时候被女人发现了，男人竟然表示没有什么好解释的，还说女人是处心积虑地找他的事，说他需要自己的红颜知己，面对这么无耻的人，女人无语了。男人平常就爱和别的女的搭腔，比较吸引女人的注意。两年前男人和女人的感情还不错，自从发生了那件事后，他们开始不断地争吵。女人真的觉得累了，现在，他们又一次进入到了冷战期，如果女人主动找男人沟通，男人又会认为女人再一次妥协了。男人总是把女人的宽容当作软弱，因为男人习惯了。女人现在一直在考虑离婚的事情，因为没有孩子应该会简单一些。女人不再这样纵容他了，因此她选择了离婚，永远地离开这个一而再再而三背叛她的男人。

爱情的书里说，女人不应该爱上男人，因为你的爱会让他窒息，而你的爱已经完全满足他的成就感，他会在他的成功名单上将你划去，重新追逐下一个更为精彩的目标。

[适当维护
他的面子]

生活对于我们，重要的不是比较，而是品味，是如何去读懂一个人。需要懂得如何去经营与维系一个家，就像一个辛勤的园丁要知道如何让她的花园开满芳香四溢的鲜花。也许我们都需要学会去经营，而不是纯粹的比较！

很多时候，女人们爱上了一个男人，对他的要求也就接踵而来了。有些出嫁后的女人，就特别喜欢对自己的老公指指点点，在评头论足时眉宇间难免流露着一种灰心丧气。其实她们不知道，幸福不是靠嘴皮子就能实现的，它或许正悄无声息地藏在你的脚底。

不要说他不如别的男人浪漫、不如别的男人体贴，每一个人都是特殊的，爱的方式也不同，经常这样说会使爱成为一种心理负担。要用欣赏的眼光去看待这个与你朝夕相处的爱人，生活中自然会有一道亮丽的风景，因此一生一世相伴的旅程也会因不同的选择而出现相同的感悟：幸福与快乐！

[实景再现]

一次聚会上，小亚发现曾经在一起寒窗苦读的女友们，身边依偎着的大部分都是帅哥猛男，看看自己的老公，不但又老又矮，还举止随便，不修边幅，饭桌上的她从一开始就变得无精打采，神思恍惚。当举杯同庆的那刻，老公把剥好的一个个完好无损的小明虾小心翼翼地放在她的盘子里，女友们也向她投来羡慕不已的眼光时，她才发觉原来老公是那么的善解人意。那晚她吃得比所有的女友都多，直到快把小肚子撑破了。

以前小亚一直都抱怨老公木讷呆板，不会甜言蜜语。就连自己的妈妈来家里小住，老公除了喊一声"妈"之外，就没有任何的亲密表示了，依旧是毫无表情的自顾自地看报纸。每次当她妈妈在她面前说起别人家的女婿是如何对丈母娘，如何在节骨眼上送些小礼时，她就有点生气，暗自骂自己的老公不会孝敬，不懂体贴。可是每一次逢年过节，短信息里出现的竟然都是她老公的温馨提醒："别忘了星期天给你妈汇钱去！"小亚的心顿时如吹进了一股春风，只觉着阵阵暖意。恍然大悟后她悄悄给老公回复："别急，我知道你的心意。"

又有一次，小亚和几个要好的同学喝茶，有一个同学在小亚面前谈论起她的另一半时，表情眉飞色舞。因为她说自己的老公特别懂得向女人献殷勤，只要她不开心，她的老公就会不失时机地拿顶高帽套在她头上，只为博得她嫣然一笑，皆大欢喜。于是小亚又开始纳闷了：自己的工作既出色，对家庭和孩子的料理又让人满意，却为何一直得不到老公的认可？每天他除了知道变相地挖苦和嘲笑自己，就再也说不出任何的金玉良言。可是有天家里来了客人，客人笑意盈盈地与小亚打过招呼后，老公竟然破天荒地当面称颂她，害得小亚一脸羞红，只想找地缝往下钻。模糊中小亚仿佛只记住了客人的一句话："真是百闻不如一见啊！你的先生经常在我的面前夸赞你！"

男人了解自己的女人比女人知道他的内心更多，而你对男人的要求却比他对待你的苛刻！女人是不是应该好好反省一下自己，别老拿他和别的男人比。

在这个世界上，没有谁可以代替谁，每个人都有自己优点，珍惜眼前所拥有的，你会很快乐！

拿别的男人与自己的老公做比较，伤害的不仅仅是深爱着你的他，更多的是女人自己。在很多方面，其实他做得已经够好了，但是在你把他和别的男人比较之下，也许他做得就不是那么出色，因为你拿来比的另一个男人已经超过了你自己老公的现实能力和条件。其实那都是假象而已，你根本不了解别的男人，别人的缺点会在你面前隐藏起来，给你看到的只剩下优点。而你的他，则会毫无心机地将自己的所有赤裸地摆在你面前，因为他爱你，他知道你会包容他，就像他一直在包容你一样。他知道只有你才是他最温馨的港湾。

俗话说："金无足赤，人无完人。"仔细想来，老公身上的那些缺点是不是正是当初吸引自己的地方呢？他偶尔胆怯又很可爱地向你指出你的缺点时，你又是一副怎样的态度和嘴脸呢？是不是马上反驳？是不是还拿自己的缺点当作优点来骄傲地炫耀？甚至干脆扔给他一句："你去找别的女人吧！"这样的女人是经营爱情的失败者。缺点人人都有，应该多给彼此一点时间去改过。

[幸福也是经营出来的]

拿自己的老公和别的男人比，看到的是自己老公的缺点，别的男人的优点。这样越比你的心里越不平衡，越比越觉得后悔，你们的婚姻也就濒临解体了。或者你认为，这样的比较是为了刺激老公，让他能够向别人看齐。可是，他却很难接受这样的刺激。他有他的目标和理想，他有他的长处和优点。

多想想自己老公的好处。当别的男人在聚会上风流倜傥，用滔滔不绝的笑话逗得女宾们前仰后合时，你的老公却将基围虾一个个剥好放到你的盘子里；别人的老公记得在情人节给老婆送上一束鲜花，你郁闷地回到家里，却发现说要晚点回家的老公早就做好了饭菜等你；别人的老公是发了财，可是你的老公也不差呀，他的一切努力都是为了这个家。他有正经的职业，理想虽然不远大却实在，更没有把控制多少权力，财富和控制多少女人划上等号。

他把你的父母当成自己的父母一样孝敬，把你的兄弟姐妹当成自己的兄弟姐妹一样友爱。他也许一生都不能大富大贵，但他一样可以给你带来幸福。

这个社会本来就已经给了男人太多的压力和应酬，如果你再给他增加不应该有的负担，拿他去和别的男人比较，那么温柔贤惠、善解人意的女性当中肯定没有你！你是他的爱人，不是他的客人，不要让你的老公拿应酬场面上那些人的那一套来应酬你。如果真是这样，时间久了，他也就会像应酬那些客人一样，生意做完了，也该跟你说再见了。聪明的女人，会在老公下班回家以后温柔地问一句："累不累？饿不饿？"边嘘寒问暖边帮老公解去厚重的外衣。此时，老公心里会想"自己真的没找错人，我老婆是世界上最温柔贤惠的女人"。并且暗暗发誓一定要努力让眼前的这个女人过得更幸福。

只有那些愚蠢的女人，才喜欢拿自己的老公和别的男人比。如聚会时，看到同窗女友的老公高大威猛，而自己的老公却身材矮小，还早早地发福了，就感到很没面子，自己原来可是美女啊，而那位女友却姿色平庸……

女人，不要再拿你的老公和别人的男人比。

适当的距离
让感情更长久

永远在男人面前保持一点神秘感，不要将自己的一切都百分之百地袒露给他看，一个人吃得太饱是会厌食的，而不会感激。

一定要在恋爱期间保持一点神秘感，让他对你有尚不明白、搞不清楚的部分。

两个刚认识不久的人一定会非常迫切地希望知道对方的事情，尽管这是理所当然的愿望，却也会造成不利局面。对方一旦了解你的全部事情，对你的兴趣也会随之急速下降，因此，要使每次约会都有新鲜感并使他对你持续抱有兴趣，一定要在恋爱期间保有一点神秘感，让他对你有尚不明白、搞不清楚的部分。

[实景再现]

小敏是单位里大家公认的美女，天生丽质。可是，来单位不到两年，她就把自己的魅力释放完了。特别是结婚后，对自己的穿着打扮也不顾了，现在周围人对她的评价是："以前还是个美女，现在……啧啧。"一天，小敏的同事小张说："最有吸引力的女人应该日新月异，常常更换新面孔，新风格，让人觉得她是个千面佳人，永远有更好的风景在后头。而不是一开始展现了最好的形象，以后就靠着这个形象吃一辈子，每况愈下，观众很快就会审美疲劳。"

他还说："当然持久的魅力除了外表的包装，还需要丰富的内涵。人格魅力＋外形魅力＝无敌杀手。出得厅堂，下得厨房，落落大方，贤惠体贴的女人才是男人的最爱。"

他还谈到了女人应该保持神秘感和高贵气质。男人对女人的爱有时出于敬畏，如果这个男人吃定你了，你就完了。

所谓神秘感，就如故事里面小张所说的，让人觉得你总有更好的风景在后头，总是对你饶有兴趣，对神秘的你保持好奇心。如果你一开始就把一切都和盘托出，你这个人就没什么可看的了，也没什么好期待的了。

很多不幸福的婚姻和恋爱，都是因为双方一旦进入这个状态，就开始要求对方什么都要向自己开放，坦白，不允许对方有隐私。这样一来，双方就不再有神秘感了，没有了神秘感，双方的吸引力就会急速下降。很多女人都说，为什么男人一旦拥有了自己，就不像以前那样爱自己了？那就是因为你不再神秘，他没有想探寻你的愿望了。所以他就要开发新的神秘目标了。网恋为什么吸引人？就是因为虚幻，神秘。所以做女人，一定要保持自己的神秘感。

[女人如何保持神秘感]

恋爱期

1. 不要说太多关于自己的事情。

如果从自己出生开始到现在的一切，你都对他说得一清二楚，那你对他就根本没有神秘感可言了，因此，若提到自己的事也要坚持不说，把某一时期或某些话题变成一段空白。

2. 绝对不让他送到家门口。

男女约会后，通常男方会送女孩回家。这时候你可以特别指定只让他送你到车站或巷口，且绝对不跟对方说明理由，这种做法也能制造神秘感。在经过一段时间后，你可以找一个借口向他做解释，说在家附近怕被人说闲话。

3.编造几件讨厌做的事。

要是你有某个特别的癖好，如绝对不去某个公园，绝对不逛某条热闹的街道，但并不做解释，也会让对方觉得你神秘，搞不清楚你是怎么回事。这种特别的癖好，当然可以编造，只要不伤大雅即可，事后稍作解释就行了。

4.总是在某个时间道别。

总是在同一个场所、同一时间跟对方说再见，也能造成神秘感，比如晚上约会时，无论你们两人玩得多么开心，只要一到晚上9点，你就说该回家了。如此连续不断，对方也会莫名其妙，感到不可思议。

婚后期

1.不要因为爱对方，就过度限制对方。

给他空间的同时，你才能拥有自己保持神秘的空间。比如，不要查看对方的聊天纪录，不要让老公下班早回家……

要注意自己的外表、谈吐和身体。要爱惜自己，自己漂亮，不但男人喜欢，自己也有自信不是吗？所以，女人一定要让自己保持美丽。很多结了婚的女人，就不再打扮自己了，特别是生了孩子后，更是邋邋得一塌糊涂，身材无限制地膨胀，这样其实是对自己的不尊重。

2.要注意锻炼，化适当的妆，穿合体的衣服。

一个穿着睡裤满街走的女人，她的老公能不想别的那些穿着暴露的女人吗？身材发胖，通过锻炼绝对可以瘦下来，还能锻炼肌肉，使皮肤变得很紧致、有弹性。所以不要把没有钱，没有时间当作借口。

3.不要查老公的手机。

如果老公的手机响了，你要叫他亲自接电话，千万别帮他接。除非他让你帮他接，如果是这样，你也要礼貌地和对方说，老公现在不方便接电话，您是愿意留言还是一会儿打过来。不管对方是男女，你都要这样对待。自己要办什么事情，如果和老公没关系，就不要和他说，自己去做就是了。只有保持神秘感，他才会说："我和你结婚这么多年，总是搞不懂你，你的各种想法都是从哪里来的呢？"这时，你不妨开个玩笑说："搞不懂，就别猜了。你就对我继续钻研吧，就是别太累着了。"按照以上这些要求去做，不管你是在恋爱中的女人还是婚后的老婆，你都会收获幸福的。